大学生通识教育课程教材

U0646159

社会心理与人际交往

佐 斌 温芳芳 主编

Social Psychology and
Interpersonal
Communication

北京师范大学出版集团
BEIJING NORMAL UNIVERSITY PUBLISHING GROUP
北京师范大学出版社

图书在版编目（CIP）数据

社会心理与人际交往 / 佐斌，温芳芳主编. -- 北京 ：
北京师范大学出版社，2025. 8. -- （高等院校通识教育
课程系列教材）. -- ISBN 978-7-303-30752-4

Ⅰ. C912.6-0；C912.11

中国国家版本馆 CIP 数据核字第 2025PP4577 号

SHEHUI XINLI YU RENJI JIAOWANG

出版发行：北京师范大学出版社 https：//www.bnupg.com
　　　　　北京市西城区新街口外大街 12-3 号
　　　　　邮政编码：100088
印　　刷：鸿博睿特（天津）印刷科技有限公司
经　　销：全国新华书店
开　　本：710 mm×1000 mm　1/16
印　　张：9.75
字　　数：188 千字
版　　次：2025 年 8 月第 1 版
印　　次：2025 年 8 月第 1 次印刷
定　　价：42.00 元

策划编辑：周益群　　　　　责任编辑：刘小宁
美术编辑：李向昕　　　　　装帧设计：李向昕
责任校对：段立超　　　　　责任印制：马　洁

内容简介

　　本教材以社会心理学基础知识与课堂教学活动相结合的形式，提供社会心理和人际交往的重要理论知识，并展示相关活动方法。本教材以"社会中人"的人际交往心理与行为为主线，设计了社会中人、人际交往中的自我、社会动机、归因、态度、从众、印象形成、刻板印象、偏见与歧视、助人行为、人际关系、人际交往、人际沟通、人际吸引、爱情、人际冲突及其化解16个主题的内容。本教材是大学生通识教育课程教材，也是教师开展课堂教学活动的参考工具书，对帮助学生了解社会心理学基本知识、树立正确价值观、建立良好心态、提升人际交往能力、促进全面健康成长具有重要的实践应用价值。

前 言

　　人是社会性动物，我们无时无刻不在与他人交往。人际交往是人类社会不可或缺的一部分，心理学将人际关系定义为人与人在交往中建立的心理联系。这种心理上的联系包含亲属关系、朋友(同学)关系、同事关系、师生关系等多种交往关系。每个人都是独立的个体，正是因为每个个体具有独立的思想、态度、价值观和行为等特性，使得人际交往如同一张无形的网，交错纵横、复杂多变。个体特质与人际关系相互作用，个体的独特性影响着人际关系，而人际关系反过来又影响着个体的情绪、态度等方面，对个体具有重要影响。因此，个体学会觉察并处理人际关系，能够促进其健康成长和人际关系的良性发展。

　　在人际交往过程中，人们会做出各种各样的行为，尽管很多时候我们无法理解一些行为产生的情境和原因，却在不知不觉中重复某些不恰当或怪诞的行为。社会心理与人际交往是一门引导学习者更好地认识自我、理解他人、影响社会、提升社会交往能力以及形成良好人际关系的课程。一本好的教科书应当源于理论知识，用于教学实践，能够为同学们提供知识上的支持和实践能力提升的帮助。艾略特·阿伦森(Elliot Aronson)在《社会性动物》中说道："事例越是生动形象，它们所产生的说服力就越大。"因此，《社会心理与人际交往》一书以知识点与课堂活动相结合的形式，促进学生人际交往能力的提升。

　　本教材贯彻"社会中人"的理念，以富有逻辑性的结构，按照社会心理与人际交往两大部分，通过社会中人、人际交往中的自我、社会动机、归因、态度、从众、印象形成、刻板印象、偏见与歧视、助人行为、人际关系、人际交往、人际沟通、人际吸引、爱情、人际冲突及其化解16个主题，展现人们对于社会心理现象的理解以及人际交往中彼此认知、建立联系并互相影响的过程。通过课程教学环节，帮助学生认识真实自我、提升人际吸引力、发展融洽的人际关系和群际关系。

在本教材中，你可以找到解释行为的社会心理学知识，身临其境地体会人们在社会情境中做出行为的心理过程，理解观察者和行动者对行为的解读。在撰写本教材时，我们仔细考虑了章节之间的逻辑顺序，并对每一章的具体内容进行了斟酌和安排，以下是对本教材使用者的一些建议。

第一，学习和理解每一讲的基础知识。每一个课堂活动背后都蕴含着心理学的基本原理。设计这一部分的目的不是系统地阐述抽象理论，而是引出与课程内容相关的知识点。学习和掌握这些基础知识，有助于教材使用者更好地参与课程教学中的人际交往活动。

第二，积极参与课堂互动。课堂互动是心理学知识点在实际活动中的体现，我们以课堂活动设计的形式展现社会生活中人际交往的表现与特点，希望帮助学生更好地理解理论知识。同时，通过亲身体验这些活动，学生能够收获新的认识，形成新的感悟。

第三，和教师、同学分享学习收获。每一个主题都有教师分享和学生感悟的生动呈现，其中有知识的补充、观念的分析、感受的表达以及人际交往行动的建议。我们希望使用本教材的教师和同学可以主动分享自己的收获与体会，实现教与学的双向促进。

第四，进行拓展学习。为了更好地协调知识的合适度和延伸性，每一讲最后列出了值得进一步学习和阅读的文章或书籍。建议教材使用者进行拓展学习，在拓宽视野的同时更深入地理解人际关系。

第五，尽量完成"思考与行动"。该环节呈现了与知识内容和社会实际息息相关的几个问题，引导教材使用者关注并思考那些影响着我们的生活但可能未曾留意到的事情。同时，这可以帮助教材使用者更好地将课上所学内容运用到社会现实中，发挥人际交往在社会生活中的积极作用。

相信你在阅读完本教材之后，通过对知识、技能的学习和课堂活动的体验，一定会对"社会中人"的社会行为有更加深刻的认识，提升人际交往的能力和技巧，更加融洽地与他人相处。

在社会心理与人际交往这门课程学习的过程中，我们听到了许多学生的感慨："啊，原来是这样！""行为原来是这样产生的，这不但有趣，而且具有很强的科学性。"这本教材的最终目标在于，让人们更好地理解"社会中人"的互动规律，希望每一位课程学习者都能够学有所得且学有所乐。

目录
CONTENTS

第一讲

社会中人

　　每个人都是社会的一员，在社会互动中成长与发展。在社会中，我们每时每刻都会受到他人的影响，与此同时我们也会对他人产生影响。孤立的人是不存在的，我们和他人相伴相生、彼此关联，在与他人的关联过程中不断地进行自我调整、变化、表达和确证。那么，作为社会中人，他人的存在和人际交往对我们的成长、生活与工作具有怎样的意义？如何才能更加深刻地领会人性的本质及价值？在这一讲中，我们将围绕人与社会的关系展开，帮助大家理解人性，更好地认识自我与他人，积极开展人际交往，获得社会身份认同，努力做一个幸福的社会中人与社会之人。

一　基础知识

（一）社会心理学

　　社会心理学（social psychology）包含纷繁复杂的社会行为和神奇的心理现象。正如社会心理学家艾略特·阿伦森所言："社会心理学是那些自认为是社会心理学家的人所研究的一门学科，因此，社会心理学的定义几乎和社会心理学家的数量一样多。"例如，戴维·迈尔斯（David Myers）认为："社会心理学是研究人们相互理解、相互影响和相互关系的科学。"而戈登·威拉德·奥尔波特（Gordon Willard Allport）提出："社会心理学旨在理解和说明个体的思想、情感和行为如何受他人实际的、想象的、隐含的存在的影响。"

　　国内社会心理学者对社会心理学也提出了不同的解读。例如，潘菽提出，社会心理学是研究人们在一切社会活动中产生的心理活动的科学。乐国安认为，社会心理学是对人的社会心理和社会行为规律进行研究的科学。佐斌认为，社会心理学是一个关于人的社会心理与行为的研究与实践领域。这个领域包含人们对他人的心理与行为的好奇，人们对自己的心理与行为的关注，人们对自己和他人的关系的理解，人们对自己如何影响他人的思考与行动，无数社会心理学家的努力、梦想及其实践和创造的故事。不管有多少社会心理学的定义，社会心理学始终聚焦于对社会生活中的人的心理与行为进行认识、理解和实践。

　　社会心理学注重对个人社会行为、人际互动、群体与群际行为和社会发展与变迁等领域的探索。其中，个人社会行为领域包括自我意识、社会化、社会需要、社会动机、社会知觉和社会态度等内容；人际互动领域包括人际关系、人际交往、人际沟通、侵犯与助人、人际吸引、爱情等内容；群体与群际行为领域包括群体凝聚力、群体心理氛围、社区心理、群体冲突、舆论与谣言等内容；社会发展与变迁领域包括现代化、社会流动、社会变革、社会治理、非常规突发事件中的社会心理学等内容。社会心理学不是孤立地关注一个人本身，而是考察社会情境中的一个人、两个人和一群人等的心理与行为，因此，社会属性是社会心理学最重要的学科性质之一。

(二)社会中人和社会之人

何为社会？马克思主义认为，社会是人们交互作用的产物，是各种社会关系的总和。"社会"和"会社"具有相似的意思，"社"是指"团体"，"会"指"聚集的地方"，合并起来就是"在一个地方所聚集成的一个团体"。作为社会性动物，人因其"社会"属性而存在。"因为人的本质是人的真正的社会联系，所以人在积极实现自己本质的过程中创造、生产人的社会联系、社会本质，而社会本质不是一种同单个人相对立的抽象的一般的力量，而是每一个单个人的本质，是他自己的活动，他自己的生活，他自己的享受，他自己的财富"。可见，社会的本质通过一个个具有社会联系的人的本质来体现。

我们在社会中，每个人都需要他人。人类社会由人构成，而人际交往决定一个人的生命意义。其中，你、我、他构成了一个个小的交往单元，这些单元的集合便构成了整个社会。每个人都是"社会中人"(person in society，PIS)，即每个人都是社会的一员。真正意义上的人无法摆脱其社会属性，人们的成长、生活与工作都离不开他人与社会。具体而言，"社会中人"的主要观点如下：①人是社会的一员，我们每个人都是社会的一分子；②外部角色是人的重要社会属性，社会角色是人的社会属性体现的重要载体；③人的合群性是内部需要，合群对人类生存与发展具有重要的进化和适应价值；④人在与他人的互动中成长与发展；⑤个人(自我)特性由他人界定。

然而，人不仅是社会中人，更是"社会之人"(person of society，POS)。社会中人的观点认为人是不可避免地、被动地受到他人影响的。但人具有主观能动性，能主动与他人建立联系，能选择自己的行动，努力达成人生意义，因此，人也是"社会之人"。"社会之人"的体现主要包括四个方面：①人的目的性，②人的主观能动性(选择性)，③人的社会价值(积极性)，④人的生命意义。因此，基于客观—被动存在的"社会中人"与主观—能动存在的"社会之人"的不同，人们应努力做社会中人的社会之人，这样可以帮助人们更好地认识人(他人和自己)、理解人(求同与存异)、帮助人(扶助与促进)和完善人(实践与发展)。

(三)人际交往对社会中人具有重要意义

人不仅是客观—被动存在的"社会中人"，又是主观—能动存在的"社会之人"。那么，社会中的他人和人际交往对个体而言，究竟有何意义与功能呢？作为社会性动物，我们离不开他人，他人给我们陪伴、支持、反思和价值，让我们在社会互动中更明确存在的意义。因此，人际交往对社会中人具有重要的社会价值。

首先，人处于社会之中，会无形地受到社会生态环境的影响。例如，布朗芬布伦纳（Urie Bronfenbrenner）提出的生态系统理论（ecological system theory）详细描绘了个体与社会的联系，表明了个体作为社会中人无时无刻不受到社会环境的影响。该理论将环境分为微观系统、中间系统、外层系统、宏观系统和时间维度。微观系统指个体直接活动的环境，例如，家庭和学校等会影响个体；中间系统指各个微观系统之间的联系，例如，孩子在家庭中接受的教育可能会影响他与别人在学校中的相处，从而使家庭与学校产生了联系；外层系统指个体并未直接参与，但是会对其有影响的环境，如父母的工作环境等；宏观系统指更为广阔的意识形态，如现代教育观念等。该理论认为这些系统存在层层嵌套的关系，系统与个体相互作用，并深刻影响着个体的发展。

其次，人际交往是人们重要的社会比较参照和建立联结的关键枢纽。例如，根据社会比较理论（social comparison theory），人们需要通过和他人比较来获得稳定和准确的自我评价并维护自尊和自我价值。也就是说，他人是个体认识自我的一种途径，也是个体获得自尊和自我价值的媒介。同样，作为社会中人和社会之人，我们承担着多种社会角色，不同的社会角色或身份隶属于不同的群体。社会认同理论（social identity theory）也表明，当个体产生社会认同时，个体就认识到了自己属于特定的社会群体，同时也体会到了作为群体成员的情感和价值意义。因此，在良好的人际交往过程中，个体将建立与他人的积极联系，他人既能给个体提供认识自我的参照框架和发展自我的学习样例，也能为个体自我价值的实现和良好人际关系的建立提供重要保障。

最后，人际交往是满足社会中人与社会之人基本需要的重要途径。马斯洛（Maslow）的需要层次理论认为，人们的需要分为生理需要、安全需要、归属与爱的需要、尊重需要、求知需要、审美需要和自我实现的需要。从最基本的生理需要开始，人们便难以脱离社会，他人和社会群体的存在保障了人们需要的满足，人们在人际和群际互动中的安全、社交、尊重、求知、审美和自我实现等需要的满足也是其保持自尊自信、理性平和与积极向上的社会心态的重要基石。因此，与他人的交往与互动能满足人们的基本需要和维护良好的心理健康。

二　课堂交往活动

(一)活动一：我们一家

1. 活动主题

同学互相认识。

2. 活动目的

彼此认识，建立团体互动关系，感受到自己和他人、社会的联系；成员相互接触，体验人际交往的乐趣。

3. 活动时间

20分钟。

4. 参与成员

班级全体成员(如40人)。

5. 材料准备

数字卡。数字1~8为配对卡，每个数字4张卡，共32张配对卡；根据班级人数，任选剩下的数字作为非配对数字卡。

6. 操作程序

(1)缘来是你(5分钟)：每人选取1张数字卡，依据数字卡上面的数字，找到一个数字相同的人，进行"有缘"配对。配对成功的成员，双方进行自我介绍(公开介绍姓名、性别、专业、性格、兴趣……)；没有形成配对的成员表达自己当前的感受。

(2)一家团圆(15分钟)：每对成员找到数字相同的另外一对成员，形成一个小组(共8组)；对于没有抽到配对卡的成员，已成立的小组再从中随机抽选1名新成员，该成员加入小组。随后，组员间相互交流，相互自我介绍，讨论并发现本组的一个共同点，共同取一个新组(家)名。之后，每组推选出1名组(家)长，组(家)长按照数字配对卡的数字顺序向全班介绍小组(家庭)概况(包括但不限于成员名字、性别、取名原因等)。

(二)活动二：无家可归

1. 活动主题

体验成员之间的联系。

2. 活动目的

活跃气氛，在活动中感受到自己与他人、社会的联系，感受到群体对自己情绪影响的重要性。

3. 活动时间

10分钟。

4. 参与成员

班级全体成员（如40人）。

5. 材料准备

讨论所需的纸、笔、硬纸板等，用于制作简易道具的材料。

6. 操作程序

(1)准备(3分钟)：所有人手拉手围在一起。

(2)组成家庭(7分钟)：教师说"四口之家"，学生则以四人一组来组成一个家庭；教师再说"三口之家"，学生则以三人一组来组成"新"的家庭，以此类推。学生们分享组成家庭的感觉和没有组成家庭的感觉。

三 教师分享

(一)我们都是社会中人

亚里士多德曾说，人是社会性动物，不参与社会的，要么是兽类，要么是上帝。马斯洛也认为我们有多种需要，如生理需要、安全需要、归属与爱的需要、尊重需要和自我实现的需要等。儿时，家庭满足了我们的基本生理需要，随着社交圈子的不断扩大，教师和同伴等给我们提供了安全感、归属感，我们这一生都在学会爱与被爱。在成长过程中，我们追求自尊与尊重他人，追寻生命的意义，这些都离不开他人和社会。在"我们一家"和"无家可归"这两个活动中，相信大家在一起给小组起名字、互相介绍或者组成一个家庭的时候，都感受到了与别人之间的联系，并获得了一定的归属感。例如，我们感觉落单的时候很伤心，缺乏安全感和归属感；而与他人在一起的时候很安心。这都从侧面反映出他人对我们的重要性。只有感受到群体的存在，和他人在一起时，我们才会感到开心、愉悦。今天，我们的班级大家庭成立了八个温馨的小家庭，大家从此获得了一种新的社会身份。希望在后续的课堂活动中，随着大家不断地深入交互，能够体会到人际交往中愉悦的情绪，能够体会到他人的美好，同时也能够体会到社会群体的意义。

（二）学做社会之人

通过课程内容和活动，相信大家已经充分体会到了个人与他人、个人与群体、个人与社会的微妙而强大的联结。正如诗人约翰·邓恩（John Donne）所言："没有人是一座孤岛。"社会中人的观点可以帮助我们认识人，更好地了解自己和他人；可以帮助我们理解人，学会求同存异；可以教会我们帮助人，学会扶助与促进；更可以帮助我们完善人，在实践中促进自我的发展和完善。同时，了解"社会中人"和"社会之人"的含义，为我们认识自我、他人和社会提供了新的视角和理解方式。正是因为人构成了社会，所以我们才要关注社会心理学。社会心理学的核心是人际关系，它主要研究一个人如何受到他人对自身影响的规律。在未来的课堂上，我们会逐渐结合社会心理学的研究成果，帮助大家了解相关知识，提升大家的人际交往能力，学做社会之人。

（三）良好的人际交往促进美好生活

社会是由人构成的，人类社会的本质是由人的属性决定的。我们是人类社会的一员，每个人都需要他人，我们离不开别人，别人也离不开我们，人们相互依存与联系。人际交往能决定一个人的生命意义，与他人产生关联，我们的生命才可能是有意义的。人际交往决定人们的成长、生活和工作。身处社会之中，意识到他人和自己"社会之人"的身份对一切人际关系的良好发展将大有裨益，我们要做一个真正的"社会中人"，要努力成为一个有担当的"社会之人"，让我们携手共建美好的人类社会，让生活更加美好。

（四）学生感悟

（一）学生甲：做优秀的社会中人

每个人作为社会中的一员，与社会中的他人产生联系，在与他人的互动中成长。在与不同人的交往中，我们会获得新的知识，实现新的成长。在与别人达成共识时，我们会增强对自己的认可。在与别人发生思想碰撞时，我们能够获得新的认知和能力。对于社会中人来说，交往有着极其重要的作用，这些作用往往是书本知识不能替代的。对于大学生来说，大学是一个小社会，在学校中进行各种有益的交往、向优秀的人学习、学会人际沟通，对大学生真正地成为社会中人是十分必要的。一个人的成长和人格的健全离不开交往，只有学会如何更好地交往，才能成为更加优秀的社会中人。

（二）学生乙：个人的成长离不开他人

个人的生存和发展离不开社会中的他人，没有哪一个时代的哪一个人能够完全脱离他人而独自存活，人在社会中具备一定程度的合群性。大多数人会因为他人的陪伴而更加幸福快乐，否则可能会常感到孤独。一个人从降生到这个世界上开始，就与父母产生了联系，开始了交往。孩子学习走路，需要父母耐心地陪伴与引导；学会叫第一声"妈妈"，需要家人千遍万遍的耳边叮咛；学会自己用筷子吃饭，需要家人不断地示范和纠正。当有了一定的学习能力后，人们又会与教师和同学进行交往。聆听教师的教导，询问教师问题，与同学辩论和互相学习等，这些都能够让人获得成长。在人生的漫漫长路上，人们会找到自己的知心朋友，与其谈论共同的兴趣爱好，展望人生理想，获得自我认同；也会与人产生矛盾，在或激烈或平缓的"交锋"中，获得新的认知。人们在学习处理各种各样的人际关系（如室友关系、同伴关系、师生关系等）中成为更好的自己。

（三）学生丙：影响就在我们身边

日常生活中，我们无形中受到身边人的影响，也在主动地影响着别人。例如，喜、怒、哀、乐的情绪表达并不是一个人的事情，当忙碌一天回到宿舍时，如果你一副愁眉苦脸的样子，可能会让室友推断是不是自己做错了什么，这不仅会影响他人的心情，也会影响整个宿舍的氛围。此外，当我们拿不定主意时，会更多地听取父母、教师及生命中重要他人的建议；当我们有自己的独立思想时，也会主动地进行选择和行动，甚至利用所学知识去主动地影响他人与服务社会。

五 拓展学习

（一）《社会心理学》（佐斌主编，高等教育出版社，2009）

该书阐述了社会心理学的学科知识，以社会中人的心理与行为规律为主线，介绍了社会心理学的知识领域、学科特点、基本理论与方法。内容包括个人成长、人际互动、群体行为与社会发展四部分，帮助人们系统地了解社会心理学的知识，理解人的社会心理与行为的规律。

（二）《你我他的心理法则》（崔丽娟、石晶编著，机械工业出版社，2011）

该书介绍了经典的社会心理学实验、常见的心理现象分析与社会热点问题透视，搭配了有趣的漫画，呈现了社会心理学的常识和应用情境。特别是把社会心理学的理论知识和人的日常生活、工作联系起来，体现了社会心理学的实践和应用价值。

(三)《做好社会人：社会心理学帮你做人》(宋广文、何文广、王新波主编，华南理工大学出版社，2011)

该书阐述了社会心理学中关于人与社会、人与人关系的知识。上篇介绍自我与社会的关系，帮助人们认识自我在社会中面对的现实问题；下篇介绍人际关系方面的知识，帮助人们理解人际关系的性质，指导人们如何处理好人际关系，发展社会交往与社会适应能力。

(四)《社会性动物(第 12 版)》(艾略特·阿伦森、乔舒亚·阿伦森著，邢占军、黄立清译，华东师范大学出版社，2020)

该书是一本经典的社会心理学著作，被评价为"美国社会心理学的《圣经》"。作者关注人性的社会性层面，为人们日常生活中的困惑提供了社会心理学的解读。内容涉及社会认知、情感、从众、偏见、攻击行为、利他行为、喜欢与爱、说服和沟通等主题。

六　思考与行动

(1)请思考一下，社会心理学家会讨论一些什么样的问题？这些问题与人际交往有什么关系？

(2)想一想什么是"社会中人"和"社会之人"？两者存在哪些异同？

(3)和身边的同学讨论，人际交往对人们的生存和发展有哪些作用？

第二讲

人际交往中的自我

当你听自己的录音或看自己演讲的视频时，会觉得奇怪吗？与家人相处时，你在意他们的评价吗？我们是如何理解自己的呢？在自我认识的过程中，我们会碰到什么困惑与阻碍呢？我们又该如何正确地面对自己并在社会交往中表现自己呢？在这一讲中，我们将围绕"人际交往中的自我"来帮助大家了解与探索以上问题，进而更好地认识自己。

一　基础知识

(一)自我的定义

当提到自我时，人们都会有一定的看法，例如，我们的名字、性别、身高、爱好、性格、能力、观念、思想和情感等，所有这些关于自我的认识与评价被称为自我概念(self concept)。一般而言，人们会通过三种方式来认识自己：第一，从自己与他人的关系中认识自己，或者通过在人际群体中自己的身份与角色来认识自己，如母亲、同学、听众等；第二，从"我"与事的关系中认识自己，例如，完成一个任务时自己发挥的作用可以体现出自己的能力与性格；第三，从"我"与自己的关系中认识自我，即通过内省(introspection)的方式来了解自己内心深处的想法与感受。这三种方式从不同的视角与关系来定义自我，使人们更加全面地认识自己。

在认识自我的过程中，个体可能会遇到一些矛盾的现象。首先，希金斯(Higgins)曾提出自我差异理论(self-discrepancy theory)，该理论认为自我概念分为理想自我(ideal self)、应该自我(ought self)与现实自我(actual self)，自我认识的过程会凸显出理想自我与现实自我之间的矛盾。每个人心中都有一个理想自我，理想自我是自己希望达到的目标。但现实中，不同的人可能达到的程度有所不同，理想自我与现实自我之间差距的大小取决于目标的高低和自身的努力情况。如果理想自我与现实自我的差距过大，可能会导致自我否定与不信任。其次，人们都有交往的需要，但可能因为各种各样的原因，难以勇敢地进行社交活动，这两者的矛盾是个体在自我认识中较为复杂且影响深远的问题。最后，个体对自身积极与消极的评价是一对矛盾的自我感知。自尊是指个体对自我的评价，高自尊的人往往对自我感到满意，认为自己具备良好的品质与价值，而低自尊的人往往感觉自己一无是处，是个失败者(Rosenberg，1965)。此外，低自尊的人在面对失败时更可能表现出极端自我否定的倾向，认为自己毫无价值；也有可能为了减少负面感受而进行过度自我补偿，显得骄傲、自大。与之相反，高自尊的人即使在失败时也会积极地看待自己的能力与潜能(Brown & Dutton，1995)，愿意通过进一步的努力获得成功。

此外，个体在认识自我的过程中也会遇到一些困惑与误区。例如，自卑、以自我为中心和苛求完美。其中，自卑会导致个体对自我产生较低的评价，时常消极地看待问题，敏感且多疑，意志消沉，甚至不愿改变，难以接受新事物。由于信息与视角的不对称性，自我中心（egocentrism）是人们难以避免的一种认知模式，但大多数人能够意识到，并在一定程度上克服自己在认知、思维上的以自我为中心倾向。以自我为中心的人往往难以克服这一认知倾向，在日常生活中只关注自己，以自我为中心，不顾他人感受，或者出现自我服务偏差（self-serving bias），即将好的结果都归因于自我，将坏的结果归因于其他因素（Mezulis et al.，2004）。在人际交往中，这样的做法往往会失去他人的信任与好感，导致人际关系的不和谐。最后，在认识自我的过程中，个体还可能会苛求完美，这样的人对自己持有过高的要求与期待，不顾自己的现实状况，并且过度关注自己不完美的地方，对自己感到不满意，从而严重影响自己的情绪和信心。

（二）自我的结构

威廉·詹姆斯（William James）在分析自我的结构时，曾笼统地将自我分成主体我和客体我两个部分。前者指个体的纯粹经验，后者指经验的内容。后来，乔治·赫伯特·米德（George Herbert Mead）也采用了这种分类，并对主体我和客体我的关系进行了论述。他认为客体我是自我意识的对象，同时也是自我意识的本体，它是通过接受别人（社会）对自己的有组织的态度而形成的；而主体我是自我的动力部分，是自我活动的过程，虽然它在客体我的框架范围内活动，但是它具有面向未来的前瞻性。在主体我和客体我的关系上，米德认为客体我是自我活动的本体建构，它制约主体我的活动，而主体我是客体我发展的引导者（金盛华，1996）。在自我概念的具体构成方面，詹姆斯认为自我包括物质自我（physical self）、社会自我（social self）和精神自我（spiritual self），物质自我是个体对自己的躯体和外界世界中属于自己的那一部分物质所有物的反映；社会自我是自我在不同社会情境以及社会互动中的表现，受到他人对自己评价的影响；精神自我是个体对自己心理活动的觉察，是自我的核心。

（三）人际互动中的自我

在人际互动中，他人的反馈会影响个体的自我概念和自我评价；受到自我概念、自我评价的影响，个体也会有意识地以特定的形式、特定的态度与他人互动，或者偏好与特定的对象进行互动。一方面，人际互动影响着个体的自我认识；另一方面，个体的自我认识也会改变人际环境，进而影响个体的自我认识。因此，一个人的自我不是凭空产生的，也不是仅仅依靠内省就能思考出来的，而是与人际互动存在紧密的联系。

那么，在人际互动中，我们应该如何正确地看待自己，并在交往中适当地表现自己呢？首先，我们需要接受和悦纳自己，接纳自己的容貌与形体、自己的不足与不称心的过往，承认自己以后仍可能会犯错，接受自己无法被所有人喜爱；其次，我们需要相信自己，因为只有自己才是唯一能够毫无保留信任的人；最后，我们需要超越自己，用发展的眼光看待自己，不能因为一次的失败就认定自己无法继续进步。勇敢地面对并超越自我，才能最大限度地发挥自己的潜力。

二　课堂交往活动

（一）活动一：这就是我

1. 活动主题

认识自我。

2. 活动目的

感受对自己的认知，觉察自我的存在。

3. 活动时间

35 分钟。

4. 参与成员

班级全体成员（如 40 人）。

5. 材料准备

A4 白纸、中性笔，根据班级成员的人数来确定数量。（如 A4 白纸 40 张，中性笔 40 支）。

6. 操作程序

（1）画人脸（3 分钟）：首先，学生独立地在白纸上画出第一个在脑海中浮现的"人脸"；其次，在画完的人脸旁写出自己为这个人脸起的名字；最后，标注出人脸的性别。

（2）人脸识别（2 分钟）：根据他人画出的人脸，快速判断其对应的性别。

（3）小作文（30 分钟）：学生在 20 分钟内，以"这就是我"为题，写一篇 500 字左右的小作文，作文内容要真实。写完后，教师随机抽取学生上台朗读自己的小作文。

(二)活动二：理想照进现实

1. 活动主题

感受理想自我与现实自我的差异。

2. 活动目的

体验理想自我与现实自我的异同。感受两者之间的差距带来的不同体验，从而激发内心向上发展的愿望。

3. 活动时间

25 分钟。

4. 参与成员

班级全体成员(如 40 人)。

5. 材料准备

4 张标注表演情境(如学生会面试时、遇见心仪的他时、课堂小组展示时、在父母面前时)的小纸条。

6. 操作程序

(1)抽签(1 分钟)：教师提前制作写有不同表演情境的抽签纸条，请偶数组同学各派一名代表抽签，确定各小组的表演情境。

(2)编剧(10 分钟)：偶数组同学根据抽签确定的情境进行小组讨论，自由编写剧本。剧本内容需展现在该情境中理想自我与现实自我状态下的行为反应。

(3)表演(9 分钟)：偶数组同学按照情境编号的顺序依次上台表演。

(4)评价(3 分钟)：奇数组同学担任评审团，对偶数组同学的表演进行评价。

(5)颁奖(2 分钟)：全体学生自主投票，选出"最佳表演奖"的获得者。

三 教师分享

(一)自我认识的重要作用

每个人都会通过各种各样的方式形成对自己的认识，这种对自我的认识起到了什么作用呢？首先，在活动中，同学们向他人介绍自己的时候，往往会以自我概念为引导。自己看重的东西会成为自我介绍的重点，进而影响他人对自己的看法。其次，一个人对自己的认识会影响自己在人生重要决策关头做出的选择。例如，认为自己喜欢文学的同学，在高考填报志愿时更有可能选择文学专业。最后，一个人积极的自我评价是前进的动力。发现自己的优势、正视自己的劣势，形成稳定的自尊和自信，能够使人在面对困难时既不妄自菲薄，也不盲目自大，而是坚持不懈地解决困难，不断前进。正确地认识自我、准确地评价自我能够对个人生活与社会交往带来巨大的影响。

(二)认识自我的三个方面

我们主要从三个方面对自我进行认知和评价。第一，从我与"事"的关系中剖析自我。我们在事件中的表现如何，是否热情投入，是否有能力，是勇敢还是畏惧，这些都可以成为我们认识自我的依据。第二，通过我与"他人"的关系来认识自己。我们对自己的看法很大程度上受到我们与他人关系的影响，例如，我是子女、我是学生；我们对自己的看法也会受到他人对我们的反馈的影响，例如，他人认为我是一个善良正直的人。第三，通过自我省思的方式认识自己。例如，我们可以从自己的行为来推断自我，同时也可以通过他人的行为来评价自我。

(三)认识自我是人的毕生课题

古希腊阿波罗神庙的石柱上有一句著名的铭文，即"认识你自己"。可以说，认识自我是我们一生都在探索的事情。我们从何而来，要到何处去，又要度过怎样的一生，这都是值得用心去思考的问题。社会心理学虽然无法给出这些问题的明确答案，但至少可以为我们扫除认知道路上的一些障碍。通过学习，我们知道在对自我的认知过程中可能会出现的偏差。例如，我们会受到自利偏差的影响，认为自己总是优于他人。了解这些普遍存在的心理现象，不仅有助于我们更加客观地认知自己，也有助于我们在人际交往中有更加出色的表现。

四 学生感悟

(一)学生甲：每个人心里都有一个自己

这堂课我们开展了一些非常有意义的活动，给我留下了深刻的印象。我经常在电视节目里看到画自画像的环节，没想到自己画起来竟如此有趣。每个人心中都有一个十分理想或不够完美的自己，通过画笔重新认识自己，实在是妙不可言。生活中的我们难免会有各种各样的烦恼，通过"这就是我"的展示环节，我们分享了自己的经历，讲述了生活的乐趣，更倾诉了那些不如意的心声。其实，烦恼是我们成长中必不可少的一部分，或许换一个角度去思考它，努力去解决它，它就会变成成长的财富。

（二）学生乙：倾听的魅力

在毫无准备的情况下，我畅快地写完了一篇关于自己的文章。听到同学们对自己内心的分析后，我深有感触。每个人都有自己开心与不开心的一面，我们通常会把开心的一面呈现给身边的人，而只有在自己独处时或是与极为交心的朋友聊天时，才会表露出自己比较消极的一面。虽然倾听者并不能从根本上帮你解决问题，但当我说完后，心里会觉得释然许多，这或许就是人际交往的魅力所在。人们在交往过程中会不由自主地相互感染，分享自己的另一面会使对方更全面地认识自己，从而拉近彼此的距离，摆脱孤独感，让自己远离负面情绪。

（三）学生丙：接纳自我的不完美

在活动中，我既看到了自己的优点，也看到了自己的缺点。有人认为自己长得不好看，有人认为自己学习不好，还有人认为自己哪都不好……但事实真的是这样吗？有时候，我们会不断夸大自己的缺点，变得十分自卑，丧失自信心。我或许曾经也是这样的，但是在对自我的认知和课堂的小活动中，我学到的最重要的一点就是接纳自我的不完美。每个人都不是完美的，有自己的缺点。这就好像是上帝给你打开一扇窗，也会给你关闭一扇窗。我们要正视自己的缺点，因为你认为的缺点在别人眼里不一定是缺点，要从多个角度去看待自己的优点和缺点，肯定自己每一步的成长，并适当给自己一些奖励。接纳自己的不完美，压力自然就会减轻许多。为了开心地生活，请悦纳自己。

五 拓展学习

（一）《成为更好的自己：许燕人格心理学 30 讲》（许燕著，机械工业出版社，2020）

该书系统地阐述了人格心理学的学科知识，讲述了人格的重要意义与发展规律。内容包括人性哲学、人格测评、人格改变等部分。该书旨在帮助人们了解自我，接纳自我，保持积极的心态，从而塑造健康的人格，提升人格魅力，促进自我更好地发展。

（二）《认识自己》（姜翠平著，中国经济出版社，2011）

该书共分为七个章节，即认识自己、剖析自己、战胜自己、爱惜自己、控制自己、激励自己与享受自己。该书阐述了认识自己的重要意义，通过介绍一系列具体的自我探索方式，帮助人们进行自我剖析，并根据自己的特性来寻找适合的成长之路，从而发挥自身潜能，走向幸福生活。

(三)《青春不迷茫：大学生自我成长指南》(刘少英著，浙江大学出版社，2017)

该书叙述了大学生会面临的一些心理危机，并通过展示大学生自我成长方面的研究成果来引导大学生发现自我，找到自我成长的方向，同时也帮助大学生重构其自我认知，理解自我与他人、自我与职业环境的关系，从而促进大学生自我同一性的形成。

(四)《自我(第2版)》(乔纳森·布朗、玛格丽特·布朗著，王伟平、陈浩莺 译，人民邮电出版社，2015)

该书介绍了与自我相关的概念与理论，并诠释了自我和心理健康之间的关系。内容强调了社会心理学的自我研究，同时涵盖了发展、临床、认知和动机观点，详细阐述了自我认知和自我发展的过程，帮助人们更好地认识自我、发展自我，从而促进个体的心理健康。

六　思考与行动

(1)人们通常通过哪些方式认识自己呢？和同学一起探讨这个问题。

(2)你对自己有什么样的评价？询问家人、朋友等对自己的评价。

(3)在人际交往的过程中，我们要做个有心人，观察自己与不同关系的人的互动模式差异。

第三讲

社会动机

　　个体的心理与行为是由动机推动的。你去食堂吃饭，可能是因为要填饱肚子，也可能是因为答应了和同学一起吃饭；你每天到图书馆学习，可能是因为期望考出比别人更高的成绩，也可能是为了享受读书带给自己的愉悦。可见，我们行为背后的动机是复杂的，它会根据我们不同的需要而发生变化。如果将人比作一辆汽车，人的需要就像汽油和方向盘，动机则是发动机，发动机燃烧汽油，朝着方向盘指向的目标前进。在这一讲中，我们将围绕人际交往中的"动机"来帮助大家更好地认识自己。

一　基础知识

(一)动机的概念

　　正如汽车需要发动机才能行驶，人的心理和行为也依赖动机来驱动。动机 (motivation)指能够引起、支配和维持人们心理活动和行为的内在动力(Murphy & Alexander，2000)，其产生的基础是需要(need)。需要是人们在生理或心理上的一种不平衡状态，这种不平衡状态会驱使人们采取一定的行动来改变当前的不平衡状态，最终达到平衡。根据马斯洛的需要层次理论，人们存在七个层次的需要，由低到高的顺序如下。第一，生理需要是人们维持生命的最基本需要，包括对食物、水、空气等的需要；第二，安全需要指人们对人身安全、生活稳定、免遭恐惧和痛苦的需要；第三，归属与爱的需要是人们与他人建立情感联系、得到他人关心的需要；第四，尊重需要指获得自尊或得到他人尊重的需要；第五，求知需要指人们满足好奇心、探索未知的需要；第六，审美需要指人们欣赏和寻找美的需要；第七，自我实现的需要是一种实现自我潜能，是达到真善美或至高人生境界的需要。马斯洛认为，高层次需要的产生是以低层次需要的基本满足为前提的，当低层次需要得到一定程度的满足后，人们才会产生较高层次的需要。

　　在分工越来越明确和细致的现代社会中，人们越来越依赖人际关系来满足各层次的需要。通过劳动合作来获得最基本的生活资料、满足好奇心、达到自我实现，通过团体协作来获得安全感和归属感等。可见，社会动机是人类的根本动力，它可能体现为希望和他人沟通、合作、互惠，或者通过交往赢得他人的关心和赞赏等(梁燕芳、谢天，2021)。社会动机促使人们积极投入工作和生活，与他人建立良好关系。

(二)社会动机的常见类型

　　在我们的社会生活中，有以下三种常见的社会动机。

1. 亲和动机

亲和动机是人们为满足与他人建立联系的亲和需要而产生的动机。哈洛的恒河猴实验发现，亲和动机是与生俱来的，并且与饥饿等生理动机同样重要。在亲和动机的驱使下，人们会表现出与他人进行沟通、建立亲密关系、关爱他人以及渴望被他人关爱等行为。如果亲和需要得到满足，人们会感到安全和自信，否则会感到孤独和焦虑。

2. 成就动机

成就动机是驱使个体在某一领域中力争获得成功或取得成就的内部力量，是促使人们追求高目标、完成困难任务、参与竞争并超越他人的人格力量。成就动机有两种心理结构：一种是渴望成功，促使人们接近目标以寻求成功；另一种是恐惧失败，驱使人回避目标以避免失败。当渴望成功的动机大于恐惧失败时，个体就会积极追求目标，选择中等难度的任务；当渴望成功的动机小于恐惧失败时，个体就会退缩不前，选择极难或极易的任务；当渴望成功的动机等于恐惧失败时，个体就会犹豫不决，产生心理冲突、焦虑和痛苦。

3. 权力动机

权力动机是为了满足控制和影响他人的需要而产生的驱动力。根据权力使用的目的，权力动机通常可以分为社会化权力动机和个人化权力动机。拥有社会化权力动机的人，他们掌握和使用权力、对他人施加影响的目的是满足社会大众的利益；而拥有个人化权力动机的人，他们掌握和使用权力的目的是满足一己私欲。

(三)社会动机的功能

社会动机主要有三种功能。首先是指向功能，受社会动机驱使的行为是为了实现某一或某些特定社会目标的，即为了满足某些社会需要。当个体拥有多种社会需要的时候，往往会优先满足最迫切的、最有价值的社会需要，并将其作为行动的首要目标。例如，有人为了学习而废寝忘食，这是因为在他们看来，获得学业上的成功是比吃饭和睡觉更加有价值的、更紧迫的需要。其次是激活功能，动机能激发个体产生某种社会行为，使个体处于活动状态，是行为的启动因素。例如，缺少爱的个体可能极度渴望被爱，会经常交朋友和参与社交活动；渴望成功的个体可能会认真学习，以避免失败和获得成功。最后是维持和调节功能，动机在维持个体活动的同时，对行为有强化作用。当个体的某种活动开始后，针对一定目标，动机维持着这种活动，并调节着活动的强度和持续时间；如果未达到目标，动机将引导个体持续进行活动直到完成目标。例如，在进行背诵任务时，如果个体没有达到背诵要求，就会在成就动机的引导下一直进行背诵活动，直到完成背诵任务。

(四)社会动机和行为的关系

社会动机和行为的关系是复杂的。人们的行为通常是多种社会动机共同作用的结果，这就造成了同样的行为可能是由不同的动机驱使的情况。例如，两位同学都在认真准备班长的竞选。其中一位同学想要得到大家的认可和欢迎，希望通过自己的努力让班集体变得更有凝聚力，并让同学们更积极上进。这位同学的竞选行为受到亲和动机、成就动机和社会化权力动机的共同作用。另一位同学觉得当了班长可以向亲戚和朋友炫耀，可以指挥别人，可以给自己未来考取公务员增加筹码。与前一位同学不同，这位同学的竞选行为更多受到个人化权力动机和成就动机的共同作用。

此外，根据耶克斯-多德森定律，社会动机过强或者不足都会影响行为效率，动机水平与行为效率之间并不是线性关系，而是倒 U 形的曲线关系。在动机水平极低时，提高动机水平能提高行为效率；当动机水平达到一定程度后，提高动机水平反而会适得其反，在适度动机水平下的工作效率最高。例如，小曲同学要去参加企业的招聘面试，如果他不喜欢这个单位，可能就没有足够的动机去准备面试，从而无法取得理想的结果。如果他特别喜欢这个单位，那么小曲很有可能会由于过分强烈的动机而产生过大的压力，导致面试时紧张，同样无法取得理想结果。因此，小曲需要调整自己的动机水平，既能够让自己好好准备面试，又不会因为压力过大而影响面试发挥，只有这样才能取得最好的面试结果。

二　课堂交往活动

(一)活动一：我的重要五样

1. 活动主题

感受需要。

2. 活动目的

通过一系列选择，感受每一个需要对自己的不同价值，体会自己的核心需要。

3. 活动时间

20 分钟。

4．参与成员

班级全体成员（如 40 人）。

5．材料准备

卡片、笔等，根据班级成员的人数来准备相应材料（如 40 张卡片和 40 支笔，为防止意外情况，可额外准备 10 张卡片和 10 支笔作为备用）。

6．操作程序

（1）取舍任务（5 分钟）：首先，学生在卡片上写出自己认为生活中重要的五样东西。然后，学生必须舍弃（划掉）这五样中的一样，再舍弃（划掉）一样，直至最后只剩一样。看看最后留下的是什么。

（2）交流讨论（10 分钟）：学生以小组为单位进行交流分享，猜猜每样东西代表了怎样的需要和动机类型。

（3）教师总结（5 分钟）。

（二）活动二：我们的选择

1．活动主题

感受动机的作用。

2．活动目的

通过辩论的方式，理解事情的正反两面，深入感受动机在事件中的潜在作用。

3．活动时间

25 分钟。

4．参与成员

班级全体成员（如 40 人，分为 8 组，每组 5 人）。

5．材料准备

辩论小组名片、辩论题目等。

6．操作程序

（1）准备环节（5 分钟）：每一个小组通过抽签的方式与另外一个小组组队，共形成四个大组，两两大组之间进行辩论，辩论题目分别为"他人给我们带来的快乐"和"没有手机就没有生活"，各组针对抽取的辩论题目进行准备。

（2）辩论环节（20 分钟）：两场辩论赛同时进行。

三　教师分享

(一)动机有多样，作用各不同

　　动机存在于我们的每一种行为之中，只是常常不被我们注意。相比单一的生理动机，个体的社会动机更复杂。我们可以思考一下，每个人都有成就动机，都渴望成功，都有自己想要达到的目标。动机影响着我们在实现目标过程中的努力程度、注意力的分配、坚持性和使用的策略。个体若想达到目标，除了需要设置一个合适的目标，还需要抵制其他目标对我们当前目标的干扰。这在很大程度上取决于我们能不能经受住其他需要的诱惑，继续坚持对原有目标的追求。希望每一位同学在日常生活中，在作出具体行为之前，能够思考一下自己的动机是否合理，是否存在偏差，是充分利用时间还是浪费时间，争取把所学知识运用到自己的生活中。

(二)巧用动机，促进目标达成

　　这堂课的学习对我们提高学习和行为效率、更好地实现目标具有重要的启发意义。根据耶克斯-多德森定律，动机强度与行为效率之间并不是线性关系，而是倒 U 形曲线关系。在完成学习或工作任务时，个体只有拥有恰当的动机水平才能保证良好的行为结果，而恰当的动机水平随着任务难度的不同而变化。因此，我们可以根据任务的难度适当调整心态：当任务较难时，不妨放松心态，让自己在轻松愉快的氛围中开展工作；当任务较容易时，给自己规定一段时间，要求自己在该时间内一定完成任务，让自己适当地紧张起来。

(三)端正行为动机，实现自我价值

　　动机引导着我们的行为，而需要又是动机的基础，你是否认真思考过自己真正的需要是什么？有的人以来自贫困家庭为耻，渴望得到高社会地位；有的人因为肥胖而自卑，渴望拥有苗条的身材。但是，这真的是所有需要的根源吗？生于贫困家庭的人，内心渴望的可能是证明自己的自我价值；拥有肥胖身材的人，内心期盼的可能是他人的亲近和尊重。弄清楚自己真正的需要就是追随真实的自己。一个本真的人必定是自知的人。要明白自己真正想要的，做真实的自己，不随波逐流。每个人都是独一无二的存在，我们要肯定与欣赏自己，让心灵回归本真，享受美好生活。

（四）学生感悟

（一）学生甲：生活中最重要的事

"我的重要五样"和"我们的选择"这两个活动的课堂形式丰富多彩，课堂参与感非常强。这些活动的目的是让我们找出自己生活中最重要的东西。这并非简单的娱乐活动，更是一个启发我们深入思考的契机，思考"什么是生活中重要的东西""我到底想要什么"等。我在一张白纸上写下自己认为生活中最重要的五样东西，接着，在必须舍弃一样东西的前提下，一项一项地划掉。其实，当我下笔时，心里已经默默排好了顺序。当只剩最后两项的时候，我在"亲人"与"健康"之间陷入犹豫，最终选择划掉"健康"，留下"亲人"。因为对我来说，亲人，尤其是我的妈妈，给予了我太多勇气。如果没有亲人，即使拥有健康，生活也是没有意义的。即使身体不再健康，亲人依旧会是我坚持下去的动力。在各个小组交流过程中，我发现大家都倾向于留下"健康"，因为这也是对家人负责的一种表现。这是一次既有趣又有意义的活动，是令人难忘的深刻体验。

（二）学生乙：辩论的启发

今天的辩论活动很有启发性，在思想的交锋与碰撞中，我们逐渐透过问题的表面，发现问题的实质，也越来越了解不同的动机对我们的认知、情绪和行为的影响。例如，在生活中，希望完成作业的动机让我们努力思考作业内容，带领我们一步一步地走向最终的目标。正方辩论小组从同学们的切身感受出发，提取论据，深得人心，获胜是众望所归。通过这次辩论，他们巧妙地向教师反映了同学们的心声，感谢正方小组！

（三）学生丙：手机在生活中的角色

在课堂上，我们通过辩论的形式探讨了手机对于生活的意义。我们看到正反两方唇枪舌剑，现场十分激烈。双方旗鼓相当，难分高下。我们对日常生活中习以为常的手机使用问题进行了更深刻的思考。实际上，我们在享受手机带来的便利时，也会因为过于依赖手机、沉迷手机而感到烦恼。只有将手机与生活的话题摆上台面，权衡分析，我们才能更好地利用这一工具。除此之外，在辩论的过程中，我更清晰地明白了手机在生活中的角色。手机能满足我们的诸多需要，例如，通过发信息来满足人际交往的需要等，但我也明白，这些需要的满足方法并非只有手机这一种方式。明白了这一点后，我感觉自己能更理性地使用手机，将更多的时间和精力用于生活。

五 拓展学习

(一)《心火：社会动机与我们的生活》(陈为著，机械工业出版社，2019)

该书从组织管理领域出发，首先，叙述了社会动机的概念内涵；其次，结合现实案例，介绍了"心火之源"的三大动机(即权力动机、成就动机和亲和动机)，以及它们对人们日常生活和组织的影响；最后，给出了一些具体的建议措施，帮助人们运用这三种社会动机来实现自我发展，完善组织制度。

(二)《行为分析心理学：表情和动作反映的心理动机》(浩强著，台海出版社，2018)

该书介绍了一系列通过他人表情及行为来理解其心理动机的技巧，帮助人们透过现象看清本质，了解他人的真实意图与品性，进而扩大适合自己的社交圈。此外，该书也介绍了一些社交技能，帮助人们妥善处理人际冲突。

(三)《我不知道我为什么不知道：左右你行为的动机心理学》(成正心著，电子工业出版社，2018)

该书介绍了 56 个关于动机的心理学实验，深入分析了人们各种行为背后的动机。这些实验围绕着个体偏好、态度改变、事件归因、情绪与动机的关系、社会影响机制和奖惩机制等主题，说明了动机在人们的自我认识、学习、社会互动及自我发展中的作用，并帮助人们培养动机，发挥动机的作用。

六 思考与行动

(1)结合自己的学习经历，总结一下人们需要具备怎样的动机才能高效地完成任务？

(2)思考一下，大家选择学习心理学是为了满足哪些需要呢？

(3)在日常生活中，你通常出于什么动机与别人交往？请和同学们相互交流讨论。

第四讲

归 因

　　社会中人在认知他人或自我的行为时，总是自觉或不自觉地推断行为背后的原因，即进行归因推断和解释。归因指为了理解世界和控制环境，对他人或自己的行为进行因果解释和推论的过程。归因在人们的生活中随处可见，对个体的身心健康、人际关系具有重要影响。例如，有人看了你一眼，你可以将其解释为"对方对你可能有敌意"，也可以解释为"对方在和你示好"，这种解释差异反映了你对他人行为的归因，这会影响个体对自身、他人的观念和看法，进而对人际关系产生影响。那么，人们有怎样的归因风格呢？哪些因素会影响人们的归因呢？归因又是如何影响人际关系的呢？在这一讲中，我们将介绍人际交往中的归因，帮助大家更好地理解行为背后的原因，增进人际关系的和谐。

一 基础知识

　　归因理论(attribution theory)是关于人们如何解释自己或他人的行为，以及这种解释如何影响他们的情绪、态度和行为的理论。它为描述、解释、预测和控制人类的心理与行为提供了一种独特的理论视角。下面将重点介绍四个经典的归因理论，帮助学生了解归因中的线索与原则，理解个体行为和对应特质之间的关系，认识归因的规律。

(一)海德的朴素归因理论

　　弗里茨·海德(Fritz Heider)是归因理论的创始人，他认为日常生活中的每一个人都对各种行为的因果关系感兴趣，力图弄清周围人行为的前因后果。海德区分了行为发生的两种因素：一是行为者的内部因素，主要包括能力与努力等；二是来自外界的因素，主要包括任务难度和运气等。如果把某项行为归因于行为者的内在状态，那么观察者将由此推测出行为者的许多特点。即使这种推测并不总是准确的，它也有助于观察者预测行为者在类似情况下可能的行为方式。如果某项行为被归因于外在力量，观察者就会推断该行为是由外力引起的，难以确定该行为以后是否会再度发生。因此，海德认为对行为的预测与对行为的归因是相互关联的，行为观察者在对因果关系进行分析时会遵循不变性原则，即寻找结果与特质之间不变的对应关系。

(二)相应推论理论

　　琼斯和戴维斯(Jones & Davis，1965)基于海德的朴素归因理论，提出了归因的相应推论理论，指出人们可以从他人的行为和结果中推断其行为意图和动机。该理论认为，观察者推断出的行为者的意图、动机与行为和结果相对应，能够依据个体的外部行为推断其对应的人格特质。影响推论正确性的主要条件包括社会称许性、非共同性结果、行为选择的自由性以及行为结果的严重性，其中，社会称许性（social desirability）指个体的行为满足社会期望的程度。如果个体的行为与社会期望相符合，人们倾向于对行为者进行外归因。例如，公共汽车上，一位年轻人给老年人让座，人们可能会认为这位年轻人尊老爱幼，也可能考虑到其行为是迫于社会压力的结果；如果这位年轻人没有主动将座位让给老年人，人们可能倾向于认为这位年轻人品德不高，因为尊老爱幼是中华民族的传统美德，这一违背社会期望的行为将个体与他人区分开来，具有判断其特质的作用。非共同性结果（non-common effects）是个体的行为区别于其他行为的特点，非共同性结果越多，行为与某一特质的关联度越高，就越能据此判断行为者的内部特质。行为选择的自由性（freedom of choice）指的是行为者的行为是自己选择的还是被迫要求的结果。观察者如果了解到行为者的行为是自发的，那么便倾向于认为该行为与特质之间存在对应关系。行为结果的严重性反映了行为者做出该行为的代价，行为结果越严重，行为者做出该行为的代价越高，就越能够反映其内部特质。

（三）三维归因理论

哈罗德·凯利（Harold H. Kelly）的三维归因理论又被称为多线索分析理论、共变归因理论。凯利认为人们可以从三个方面来解释行为的原因，即行为者、客观刺激物和行为者所处的情境或条件。人们要找出行为的原因，主要使用三种信息：区别性信息（distinctiveness information）、一致性信息（consensus information）和一贯性信息（consistency information）。其中，区别性信息指行为者对待不同刺激物是否有差别，如果行为的区别性高，观察者容易对行为者的行为作内归因；否则，对行为者的行为作外归因。一致性信息指行为者与周围人的表现是否一致，如果每个人在相似的情境中都作出相同的反应，那么其行为具有高一致性。行为者的动机可能出于环境因素或个体因素，观察者在不确定的情况下倾向于进行外归因。一贯性信息指行为者的行为是一贯的还是偶然的，行为者行为的一贯性越高，观察者越容易对其行为作内归因。因此，人们能够根据这三种信息将个体的行为归因于情境或是个体的性格。

（四）韦纳的归因理论

韦纳（Weiner, 1974）认为人们对行为成败原因的分析可归纳为以下六个方面：能力、努力、工作难度、运气、身心状态以及其他有关的人与事。根据原因的性质，可将原因归纳到因素的来源、稳定性、控制性这三个维度（见表4.1）。以能力、努力和运气为例，能力是个体稳定的内部因素，不容易受到环境影响而改变，也是个体不能控制的因素；与能力不同的是，努力是个体内部可变的因素，容易受到个体的动机、情绪以及外部环境的影响，是不稳定且可控的；有别于能力和努力的运气因素是个体不能控制、不可改变并且不稳定的外部因素。个体对于成败的归因会引发不同的情绪反应，进而影响行为反应，这对行为的引导和性格的塑造具有重要意义，因此韦纳的归因理论被广泛应用于教育领域。例如，当学生某一次考试没考好时，学生将自己成绩不佳的原因归结于自己不聪明，认为自己再怎么努力也无济于事，以后也不会考好，觉得自己没有希望。这时教育者可以引导学生通过正确归因形成对自我的正确认识，例如，教师可以和学生谈谈他的近况，了解有哪些使其分心的家庭、环境因素，将暂时的成绩不佳归因为不可控的外部因素，并且明确告知学生还需要在哪些方面努力，提高学生的自控力，避免学生因为一次考试成绩不好而产生自我怀疑。

表 4.1　韦纳归因理论的三个维度

	内部因素		外部因素	
	稳定	不稳定	稳定	不稳定
可控	个性	努力	他人偏见	他人偶然帮助
不可控	能力	疲劳	任务难度	运气

二 课堂交往活动

(一)活动一：我的想法

1. 活动主题

体验归因过程。

2. 活动目的

本活动采用谜语抢答的形式，激发课堂参与热情，活跃课堂气氛。同时，结合真实事例或常识性问题，了解班级成员的即时反应和他们对相关问题的归因倾向，引导其觉察日常生活中的归因过程，从而引出"归因"主题，为后续内容作好铺垫。

3. 活动时间

18分钟。

4. 参与成员

班级全体成员(如40人)。

5.材料准备

准备四个谜语和四个与归因主题相关的生活实例。

6.操作程序

(1)猜谜抢答(5分钟):教师在黑板上呈现谜语,学生举手抢答。

谜语1:一来就猜中(打一字);谜语2:世界上最长的腿(打一成语);谜语3:带刀枪的男子(打一城市);谜语4:轻舟一叶水平流(打一字)。

(2)生活实例分享(10分钟):在调动课堂气氛之后,引入主题内容。教师针对每一个谜语,呈现一个与之相关的生活实例,让学生分享这一事件发生的可能原因,至少请两位学生进行分享。

生活实例1:我和我的朋友A约好了5月2日晚上7点在乐福餐厅共进晚餐,可是我一直等到7点40分都不见朋友的踪迹,打电话过去,对方也没有任何回应。教师进一步提问,对于这位朋友还没来的情况,"我"会有什么想法?

生活实例2:因为修整,东湖绿道禁止通行,赵建军不顾保安的阻拦,独自一人去骑行了。教师进一步提问,"我"心里会想,赵建军这么做是为什么呢?

生活实例3:王春雨的大学英语四级考试成绩出了,他的分数是305分,可是参加大学英语六级考试的要求是四级分数达到425分。教师进一步提问,"我"认为,他分数较低的原因是什么呢?

生活实例4:每天打游戏成瘾的舍友今天开着电脑,却没有打游戏。教师进一步提问,"我"认为这是为什么呢?

(3)教师点评(3分钟):教师对学生的分享交流情况作出简要点评,引导学生意识到自己在日常生活中应该如何进行归因,进而引出"归因"的主题。

(二)活动二:最佳故事

1.活动主题

领会不同的归因方式。

2.活动目的

面对相同的事物,由于知识、经验、所处环境等因素不同,每个人都会从不同角度对其进行解读。班级成员可以通过此次活动认识到不同的归因方式,理解归因的多样性,从而在人际交往中学会尊重彼此的差异,正确评价自己和他人,更好地理解他人,促进良好人际关系的形成。

3.活动时间

35分钟。

4. 参与成员

班级全体成员分成八个小组。

5. 材料准备

空白纸和四张不同的图片。

6. 操作程序

(1)个体任务(3分钟):教师在大屏幕上呈现四张不同的图片,每两组围绕一张图片构思故事。每位同学依据本组图片构思一个故事,为小组交流作准备。

(2)小组活动(10分钟):基于个人写的故事内容,小组内成员轮流讲故事,进行交流分享,推选出本组的最佳故事,并写在空白纸上进行提炼总结。

(3)小组分享(20分钟):同一张图片的两个小组分别派代表在全班讲述自己小组的"看图故事",其余六组同学进行投票,确定每一张图片的一个优胜故事组,这样共产生四个优胜组。然后,全班同学在四个优胜组中再选出一个组作为看图讲故事的最终优胜组,最后由教师颁发"最佳故事奖"。

(4)教师总结(2分钟):教师对活动进行总结分享,让学生意识到面对相同的事物,人们会产生不同的归因方式,学会理解不同想法之间的差异,引导学生从多方面、多角度思考问题。

三 教师分享

(一)一千个人心中有一千个哈姆雷特

相信大家通过课堂活动,对归因有了进一步的认识。在第一个活动中,同学们通过分享生活案例,切身体会到了自己的归因过程,同时也聆听了其他同学的不同观点。在第二个活动中,尽管同学们看到的是同一张图,但构建出了不同的故事。这些故事中的人物有着不同的喜怒哀乐,各有各的精彩,这恰恰折射出故事建构者对这个世界的理解。对于处在某一事件中的个体,由于每个人的出发点不同,便会产生对其行为的多样化归因解读。我们生活在同一个世界,然而每个人眼中的世界各不相同。希望这次课堂活动能够使大家认识到人们观念分歧背后的原因,理解人与人之间的差异性,学会尊重和接纳这些差异,共同书写属于我们的多彩人生故事。

(二)尊重差异,接纳你我

归因对于个体的成长发展、友谊的获得具有深远而持久的影响。我们对自身和他人的看法决定了我们看待这个世界的方式。认识到普遍存在的归因风格,看到自身的局限性，有助于我们以开放和包容的心态认识自己、理解他人。在本堂课中，我们学习了归因偏差。在生活中，我们也要时常观察自己，看看在评价自己和他人的时候，是否采用了同一把"尺子"。反思一下，我们是不是对自己更宽松，对他人更严格。当我们凭借他人的某一举动去推测其内在想法时，是否忽视了身边人的一举一动和所处的背景。相信这堂课的内容对大家提升人际关系质量、增加关系满意度具有启示意义。在人际交往过程中，我们难免会遇到一些让自己感到不愉快的事情。这时，我们不妨先冷静下来，试着从自身和他人、个人与环境等多个角度理性分析问题。我们可以尝试站在他人的角度思考问题：在某个情境下，如果我是他，我会怎么想、怎么做？我能够控制事情的发生和发展吗？这个过程能帮助我们合理地认识对方的行为。在此基础上，我们可以选择一个合适的机会，和对方聊一聊自己的想法，以及自己对对方的认识和看法。通过沟通，我们能够加深对彼此的了解。相信这个过程能帮助大家接纳彼此之间的差异，促进人际关系的建立与发展。

(三)正确归因，认识你我

归因反映了个体对自我和他人的建构风格，折射出个体的世界观、人生观和价值观。引导学生对自我和他人进行正确归因，有助于塑造学生的正向思维。从个体层面看，合理的归因有助于维护积极的自我形象，保持良好的自尊水平，使我们以积极的心态应对学习和生活中的挑战；从人际层面看，对他人行为的合理归因能够帮助人们认识人与人之间的差异，以包容、开放、接纳的心态进行互动，减少人际交往中的不和谐因素，提升人际关系的质量。

四 学生感悟

(一)学生甲：生活中要有一双善于发现美的眼睛

看到归因的图片后，我的脑海中涌现出很多想法，思考着如何构建一个有趣的故事。在小组内部交流讨论并听取其他组的分享后，我意识到人们对同一件事会有不同的推论，会产生不同的观点，并会推断其背后的原因。但在这些不同的故事分享中，有一点是共同的，那就是大家都倾向于描述美好的事物，从积极的方面去推断事件背后的原因，给描写的故事画上一个完美的句号。生活充满了希望，人要活得开心，毕竟生活中有那么多的感动与美好，正如大家分享的故事那样，大家对生活充满憧憬和期待。这堂课的学习让我深刻地认识到，生活从不缺少美，我们应该有一双善于发现美的眼睛，要学会用积极的心态去探究事物背后的原因，不断发现生活中的美好，收获快乐与幸福。

(二)学生乙：透过现象看本质

通过这堂课的学习，我深刻地体会到透过现象看本质的重要性。我们每个人思考问题往往是从自身的角度出发的，而人与人之间的差异使人们从不同的角度看待事物，由此引发了争吵、攻击等一些人际交往过程中的不和谐现象。就像半杯水，不同心态的人对它有不同的理解。归因的本质就是观察者为了理解世界和环境，对自己和他人的行为进行的因果分析和判断。归因能帮助我们认识到人与人之间的不同，学会站在他人的角度思考问题，帮助我们更好地处理人际关系中的问题，提高人际关系的满意度，避免或消除影响人际关系的不和谐因素，让我们的互动更加融洽，增进人际关系的和谐。

(三)学生丙：全面地看待事物

通过学习这堂课，我明白了由于知识经验、成长环境、身份角色等各方面的差异，人与人之间的想法是不同的。我认为这些想法的产生无关价值判断，没有对错之分，多是个体建构的结果。这堂课的学习让我体会到，保持对经验的开放性很重要，因为他人或许为我们提供了一种看待事物的新视角，能够帮助我们看到未曾见识过的世界。当然，全面地看待事物很难，这可能是我们一生要学习的课程。教师课上讲到的经典归因理论所反映的现象，是我们在生活中经常遇到的。一些认知偏差可能会阻碍我们理解他人，甚至影响人际关系，如归因中的自我服务偏差、观察者和行动者偏差。因此，我们在生活中要有意识地留意人们感知世界过程中的盲区，学会全面地看待事物，对自我有一个合理的认识，从而促进良好人际关系的发展。

五　拓展学习

(一)《归因理论及其应用》(刘永芳著，上海教育出版社，2010)

该书内容分为归因认知过程论、归因效果论与归因理论的应用这三个部分，详细介绍了归因理论的发展概况与重要的理论模型，并展示了归因理论在人们日常生活与人际交往中的运用方式，有助于人们理解自己与他人的心理与行为，改善人际关系。

(二)《归因理论与人力资源管理》(刘永芳主编，上海教育出版社，2007)

该书介绍了归因理论在人力资源管理中的应用形式，通过对归因与情绪、归因与压力、归因与绩效、归因与职业生涯和归因与人际沟通等内容的论述，帮助人们在职业生涯中处理好人际关系，获得职业成就并保持健康的心理状态。

(三)《归因动机论》(伯纳德·韦纳著，周玉婷译，中国人民大学出版社，2020)

该书介绍了归因领域中不同流派的理论及发展概况，并提出了关于人际或社会动机的归因动机论。该书分析了不同社会情境中人们的行为与情感，从而帮助人们理解在社会化过程中的心理与行为规律，更好地进行自我发展与人际交往。

六 思考与行动

(1)用不同的归因理论解释某人看电影时大笑的原因。

(2)举例说明人们在日常生活中可能存在的归因错误。

(3)请以文字的形式记录下自己在生活中成功或失败时采取的归因模式。

第五讲

态　度

生活中人们常说："态度决定一切，态度决定行为。"生活中常说的态度和心理学研究中的态度是一回事吗？是"态度决定行为"还是"行为决定态度"呢？每个人看世界的角度不同，因此每个人的态度也不一样。然而，社会生活需要人们保持态度一致，这样大家才能更好地协作。那么，我们如何才能有效地说服别人呢？我们又是怎样被说服的呢？如果我们想坚持自己的态度，又该怎样克服他人说服的影响呢？在这一讲中，我们将围绕"态度"来帮助大家了解与探索上述的问题，让学生对自己头脑中的"态度"有更深刻和全面的认识，帮助学生更加顺畅地开展人际交往。

一　基础知识

(一)态度的概念

在人际交往中，我们通常会受到内外两种因素的影响。不同于外部因素的难以预测和控制，很多内部因素是可以被认知和改变的。因此，内部因素更值得关注，态度就是诸多内部因素中的一种。交往双方的态度彼此影响，存在着你中有我、我中有你的交互关系。

态度(attitude)是个体对特定对象(人、事件、观念等)持有的由知、情、意三个成分组成的较为持久的、稳定的心理倾向，是人们在自身道德观和价值观基础上对事物的主观评价和行为倾向。态度包括知、情、意三部分(态度的ABC结构)，也就是我们所说的"认知、情感和行为倾向"。认知(cognition)指个体对态度对象具有的知觉、思维、概念和判断，如好坏、高低等，与表达情境和态度对象之间关系的概念或命题有关。情感(affection)指个体对态度对象持有的一种情绪感受，如尊重或鄙夷、喜爱或讨厌、怜惜或嘲讽等。情感成分与伴随概念或命题的情绪或情感有关，被认为是态度的核心成分。行为倾向(behavioral intention)是个体对态度对象持有的内在反应偏向，是个体在产生行为反应之前维持的一种准备状态，与行为的预先安排或准备有关。态度受到认知、情感和行为倾向各成分之间关系的影响。根据各成分的强度、范围或包含的内容，我们可以区分出一个人与另一个人在态度上的差异。例如，一个人的情感成分相同，认知成分、行为倾向成分却可能有所不同。

人们对同一态度客体可能表现出双重态度共存的情况：一种是人们能够意识到、通过自我反省就能表现出来的态度，即外显态度(explicit attitude)，这种态度可以用语言来表达；另一种是人们对态度客体的自动反映，即内隐态度(implicit attitude)，内隐态度不能用语言来表达，是一种在心理上压抑的、克制的态度。

(二)态度的形成及功能

态度的形成可以分为三个阶段：顺从、认同和内化。首先，在顺从阶段，个体的外显态度顺应社会规范，使其行为表现与他人一致；这个阶段多受奖惩支配，个体主要根据态度对象的行为表现而形成以行为为基础的态度。其次，在认同阶段，个体因在情感上认同其价值，内心乐于与之保持一致，从而形成与其一致的态度。基于感觉的态度中，有些是条件化的结果（如经典条件反射、操作性条件反射）。最后，在内化阶段，个体把情感上的认同与已有的信念、价值观结合起来，形成新的价值观，并通过理智判断形成态度。

态度有四种基本功能：工具性功能、认知功能、自我防御功能和价值表现功能。工具性功能（适应功能）指态度能帮助个体获得奖励、赞许、肯定或接纳。个体通过形成符合他人期待的态度，获得奖励或者避免惩罚，进而更好地适应社会。例如，初入职场的人往往会形成所在组织所期望的工作态度，以获得长久雇佣的机会。认知功能指态度为个体行为规则提供必需的信念，使个体尽可能保持清醒的认知状态和正确的行为倾向，发挥图式和心理框架的作用。例如，"善有善报、恶有恶报"的信念会催生出个体在人际交往中的诸多积极或消极态度。自我防御功能指由于态度是行为内在动机的决定性因素，因此态度能够有效减少个体的心理冲突，增强对挫折的承受力，实现个体期待的目标。价值表现功能指态度能够帮助人们展现自我认识中的核心价值。例如，某个体对志愿服务组织的行为持有积极的态度，可能是因为这些行为能够帮助他表达自己的社会责任感，而这种对社会的责任感是其自我认识的核心价值，这种态度的表现使他获得了内在满足感。

(三)态度影响人的行为

态度和行为之间存在什么关系呢？在对态度的早期研究中，态度决定个体行为是不争的事实。然而，1934年，拉皮埃尔（Lapiere）教授在对美国的酒店和餐馆是否接待亚洲人的调查中发现，店主的态度与他们的实际行为并不一致。随后，社会心理学领域掀起了态度与行为关系研究的热潮。其中，最著名的是计划行为理论（theory of planned behavior），该理论认为行为意向是影响行为最直接的因素，而行为意向又反过来受态度、主观规范和知觉行为控制的影响（段文婷、江光荣，2008）。态度对象越具体，行为意向越能预测行为。例如，相对于对健康生活方式的总体态度，人们对于慢跑的具体态度能更好地预测其慢跑行为。

(四)态度的变化

影响态度的因素有很多，个体的人际关系、认知水平、人格与情绪状况、个人经验(行为)和社会环境(如媒体宣传、教育)等都会影响态度。其中，人际关系、个体的心理特征和个人经验是引起态度变化的三个最重要因素。

1. 人际关系

在社会生活中，同伴对于个体的影响力不可低估，人们往往会无意识地遵循同伴的观点、意见、态度。父母、教师和其他成人的影响在儿童时期较为显著。正如心理学家维果茨基所说："人之所以会变成他自己，是以他人作为参照系来对照自己的行为后果。"因此，态度和人际关系是密不可分的。

2. 个体的心理特征

社会给予的奖励或者惩罚对人们态度的形成和发展有重要作用。如果一个人的智力和个性能够得到全面和谐的发展，其态度的形成相对容易；反之，就比较困难。

3. 个人经验

个人的经验往往与其态度的形成有着密切的联系。生活实践证明，很多态度是由于经验的积累与分化而逐渐形成的。例如，四川人喜欢吃辣椒的习惯就是由长期的经验而形成的一种态度。当然，有时个体只需经历一次戏剧性的事件，就会形成某种态度。例如，有人在某一次逗狗时被狗咬伤，很可能从此就不喜欢狗了，甚至害怕狗，即"一朝被蛇咬，十年怕井绳"。

二 课堂交往活动

(一)活动一：态度情景剧——我遇到了……

1. 活动主题

用行为表现对不同动物的态度。

2. 活动目的

通过表演对动物的行为反应，初步认识态度，明白态度会引导人们作出不同的评价，进而影响其行为。

3. 活动时间

40分钟。

4．参与成员

班级全体成员（如 40 人，每个小组 5 人，共分为 8 个小组）。

5．材料准备

8 张写有不同动物名称的卡片。

6．操作程序

(1)抽签(1 分钟)：各小组通过抽签的方式，随机决定所要表演的动物角色。

(2)讨论(5 分钟)：小组根据抽签结果进行讨论。明确表演的具体内容和分工。

(3)演绎(24 分钟)：随机选择一个小组进行情景剧演绎，表演内容为"遇到动物时的行为反应"，要求至少 1 个人扮演动物，1 个人扮演遇到动物的人。

(4)猜答(3 分钟)：其余小组根据表演内容，猜该小组演绎的动物角色。

(5)投票(2 分钟)：投票选出表演最惟妙惟肖的一组。

(6)讨论(5 分钟)：教师引导学生进行讨论，观察在刚才的表演过程中呈现出的反应，包括认知、情感和行为倾向等，帮助学生深入领会相关知识。

(二)活动二：哪个态度最有效

1．活动主题

探究态度的改变。

2．活动目的

通过不同主题的案例分析，亲身体验到态度改变的过程和方法，从而对态度改变有进一步的认识和理解。

3．活动时间

30 分钟。

4．参与成员

班级全体成员（如 40 人，每个小组 5 人，共分为 8 个小组）。

5．材料准备

16 张 A4 白纸和 16 支中性笔。

6．操作程序

(1)分组回答(2 分钟)：将 8 个小组两两分组，每组回答一个问题。

(2)讨论(16 分钟)：各个小组成员围绕问题进行讨论，在白纸上写出改变态度的最有效的方案，并说明理由。

（3）展示（12分钟）：各小组代表针对各自的问题进行回答，呈现小组成员的观点。采用抢答的形式，列举真实事例或常识性问题，以此了解班级成员的即时反应和他们对态度改变的见解。最后，教师引导学生进一步掌握态度改变的技巧。

三 教师分享

（一）明晰态度的含义，才能正确使用态度

态度在我们的人际交往中是一个非常重要的课题。心理学领域中使用的"态度"概念和日常生活中所说的"这个人态度不端正"中的"态度"含义不同。前者指带有取向的评价，通常包含着知、情、意三个成分，即认知评价如何、情感上是否喜欢、行为上是否愿意接近并体验，这三个成分之间存在一定程度的关联性。而日常生活中，"态度"一词通常带有是否符合大众价值观念的判断。希望每一位同学都能认识到，态度不只是日常生活中经常使用的态度（例如，当幼儿园小朋友在位置上坐得笔直时，教师说他态度很端正），我们还应该从更全面的角度去理解态度，这样才能让自己的人际交往更顺畅。

（二）掌握态度改变的影响因素，做好态度改变工作

态度并不是与生俱来的，而是在家庭、学校和社会生活中，通过交往、接受他人的示范、指导和说服，以及自己在实践中对事情的认识和情感的体验而逐渐形成的。态度的影响因素有人际关系、个体的心理特征和个人经验等。在生活中，经常存在需要改变态度的情况（例如，选择旅游方式、选择校园文化活动主题等都会引发不同的态度），我们应当聚焦态度的影响因素，从说服者、被说服者、说服信息和情境因素等着手，实现态度的转变或者树立正确的态度。

（三）态度表达的文化语境差异

从社会建构主义视角来看，个体外显的态度表达总是嵌套于特定的文化脚本之中。霍夫斯泰德文化维度理论表明，集体主义文化更倾向于关注群体和谐与社会角色规范，而个体主义文化更强调个人立场的明确性。这种文化基因的差异，塑造了不同社会在态度表达上的认知图式。中国传统文化中的"中庸之道"蕴含着独特的关系智慧：在人际交往中，人们常常通过"给面子"（维护他人尊严）、"看破不说破"（选择性表达）等策略来维系社会网络的稳定。这种表达方式与儒家"和为贵"的伦理观一脉相承，体现出对群体情感生态的高度敏感。跨文化研究发现，东亚被试在表达态度时，其杏仁核对社交威胁的激活程度显著

高于西方被试，这从神经机制层面印证了文化经验对认知加工的塑造作用。西方文化中的直接表达传统源于其契约社会的历史背景。从雅典广场的辩论到新教伦理的个人救赎观念，这一过程逐步形成了以立场清晰化为核心的沟通方式。但需要指出的是，这种差异更多存在于公共领域，在私人关系中，西方人同样重视共情与委婉表达。神经成像研究显示，欧美被试在进行换位思考时，其前额叶皮层的激活模式与东亚被试具有高度的相似性，这证实了人类共情能力的生物普遍性。

随着世界日益紧密相连，不同文化间的交流与融合愈发频繁，这种跨文化的互动正在催生新的表达方式。中国年轻一代在保持对关系的敏感性的同时，也发展出了更具个性化的方式；西方社会则日益重视非暴力沟通等柔性技巧。这种动态演变提示我们，态度表达的跨文化差异本质上是适应性策略光谱上的不同选择，而非简单的二元对立。在人际交往的实践中，高情商的沟通艺术具有跨文化共性，主要体现在如下方面。①情境敏感性：准确识别沟通场合的显性规则和隐性规则。②表达弹性：在真诚与得体之间寻求动态平衡。③元认知监控：持续校准自我表达的社会适宜性。虽然不同文化对以上要素的具体实现方式存在差异，但都致力于构建积极的社会互动。

四 学生感悟

(一)学生甲：态度影响个体行为

态度真的非常重要。可以说，你认真对待了一件事，就等于成功了一半。如果一个人虽智商高，但态度不端正，那么可能会失去发挥智商的机会，导致做事效果低于预期，甚至不如态度端正的普通人。对于普通人来说，智商水平相差不大，那么差距究竟在哪里呢？就在于态度。一天两天也许看不出来，但经过日积月累，差别就会明显地显现出来。另外，有态度的人比摇摆不定的人更值得信赖。所以，情商高的人做任何事都有自己的立场，并且不会轻易动摇。

(二)学生乙：态度助力人际交往

态度往往与具体的人、事或物相关联，会因相关的人、事或物发生变化而转变。例如，你的水杯被摔了，或者你被教师表扬了，你的态度都会因此受到影响而发生改变。在人际交往中，如果一个人觉得你的态度不好，那么你们之间交往的质量就会受到影响，就要花费更多的时间和精力去解释和沟通；反之，如果你的态度很好，那么人际交往可能就会更加顺畅。

（三）学生丙：用积极的态度面对生活

有人说："生活是一面镜子，你对它笑，它也会对你笑。"其实，不仅生活如此，别人也是一面镜子，你对他笑，他也会对你笑。笑与不笑，取决于你的态度。这种态度决定着你的人际关系、家庭教育的效果、工作业绩以及人生成败。我们没有出生的选择权和决定权，我们唯一能够改变的是对生活的态度。即使出身寒微，也不要像小说《项链》中的玛蒂尔德那样怨天尤人，而要学会平静地接受现实，通过自己的努力去改变命运；即使面对挫折，我们也要学会保持积极向上的态度，而不是从此一蹶不振，这就是我们应该持有的生活态度。

五　拓展学习

（一）《人性的弱点：如何赢取友谊与影响他人》（戴尔·卡耐基著，李淑华编译，鹭江出版社，2015）

该书以人性的一般弱点为切入点，内容涵盖人际交往、心态调节等诸多方面。该书的第三章"让别人站在你这边的方法"和第四章"成为能改变他人的领导者"从态度层面出发，给出了"如何影响他人"的具体方法，这些方法可以有效地运用到现实生活中。

（二）《态度改变与社会影响》（菲利普·津巴多、迈克尔·利佩著，邓羽、肖莉、唐小艳译，人民邮电出版社，2018）

每个人都是社会中人，无时无刻不受到社会的影响，有时我们甚至都没有意识到社会影响的存在及其力量。该书综合讨论了心理学中有关态度形成和态度改变的研究，结合理论与实践，深入浅出地揭示了社会影响的强大力量和内在机制。

（三）《当心沙发里的屁股：改变命运的 15 种态度》（毕绍夫著，张雯婧译，陕西师范大学出版社，2013）

不同于心理学中对态度的定义，该书聚焦于常见的生活态度，通过具体案例展示了对待人生的十五种重要态度，如负责、自律等。人不能总是停留在抱怨之中，需要用行动来打破惰性循环。这十五种积极的人生态度将有助于学生作出改变，积极面对生活。

六　思考与行动

（1）回忆一下，你对某个朋友的态度是如何形成的？对他的态度有没有改变过？

（2）尝试用心理学原理说服自己熟悉的一位吸烟者，努力改变他对香烟的态度，并帮助他戒烟。

第六讲

从 众

俗语道"三人成虎"，在社会压力的影响下，人们常会做出与群体一致的行为，即使这些行为是荒谬的，这一社会现象被称为"从众"。那么，社会信息是如何促使人们做出从众行为的？从众行为容易发生在哪些情境中？从众行为的发生受到哪些因素的影响呢？在这一讲中，我们将通过课程学习社会心理学中从众的基本概念与知识，并通过一系列课堂活动体会从众的本质与成因，在课程学习过程中学会理性看待从众，了解从众的积极、消极作用，学会在社会交往中辩证地看待从众，在从众的压力下作出正确抉择。

一　基础知识

(一)从众的概念

当你走进电梯，发现电梯里的所有人都背对着出口站立，你是否会做出和他们一样的行为？上面所说的这一场景便是著名的电梯从众实验。从众(conformity)指人们由于群体真实(或想象)的压力而改变自己的行为与信念，从而与多数人保持一致的现象。这种现象普遍存在且对社会生活产生潜移默化的影响。

另一个有关从众的实验是谢里夫(Sherif)进行的游动光点实验。人如果在漆黑且无参照物的屋子里长时间地盯着一个光点，便会感觉光点好像在移动，谢里夫利用这一错觉现象展开了实验。他找来一群大学生作为被试，将其分成多组，要求他们对光点移动的距离进行判断。首先，让被试单独进入黑暗的房间，报告自己感知到的光点移动距离。结果发现被试之间有明显的个体差异，有的人认为光点移动的距离很小，有的人则认为光点移动的距离很大。随后，谢里夫将一组被试同时带入黑暗的房间，让他们每次判断后都将自己的结果与组内的其他成员分享。实验结果显示，在一次又一次的判断过程中，原本存在的个体差异逐渐消失，小组内每个成员的结论趋于一致。这一结果说明，当情境模糊不清时，人们会倾向于和他人保持一致。实际上光点根本没有移动，因此没有哪个小组的结论是准确无误的，然而，几个小组最终却达成了共识。那么，只有在情境模糊不清时，从众才会发生吗？事实证明，从众的力量远远不止如此，即使是面对准确无误的事情，群体中多数人的压力也足以让一个人改变自己最初的决定。

阿希(Asch，1951)将七名被试邀请到实验室中参与实验，其中，六名是阿希的实验助手，他们已早早地围坐在圆桌前。当第七名被试就座后，阿希将两张卡片呈现给被试，其中一张卡片上画着一条标准线段，另外一张卡片上画着三条对比线段，被试的任务是确定三条对比线段中哪一条与标准线段的长度一致。这个问题的答案显而易见，在前几轮的实验中，所有人都给出了正确答案。但是，在之后几轮实验中，六名实验助手一致选择了某个错误的答案。实验结果显示，有76%的被试至少出现过一次从众行为。由以上几个实验不难看出，从众现象具有普遍性和影响力，既会在情境不明确时发生，也会在显而易见的情境下发生。当然，情境越不明确，人们从众的倾向就越强烈（Tesser，Campbell，& Mickler，1983）。

为了更加清晰地理解从众的概念，我们应当理解与之相近的两个概念：顺从与服从。顺从指接受他人请求，按照他人的直接请求行事。例如，按照父母的提议，在周末去一个远房亲戚家做客。服从指按照他人的指令或群体规范而做出某种行为。例如，士兵在将军的命令下杀害无辜平民。从众、顺从、服从三个概念之间虽然存在关联，但有着根本上的区别。

（二）从众现象的成因与影响因素

人为什么会从众？关于这一问题有很多可能的答案。通过一系列的探索，研究者提出人们从众主要是受到信息性社会影响和规范性社会影响这两个因素的影响。

其中，信息性社会影响反映的是人们想要知道"正确"情况的需要。当所处的情境不那么明确时，尤其是当没有足够的时间或精力进行自我决断时，个体倾向于参照他人的行为作出决断。不明确的情境往往意味着有限的信息、选择和他人保持一致，既能节省信息搜寻的成本、提高认知效率，又能最大限度地作出更好的选择，因为我们相信他人的选择是经过了深思熟虑的，他们的行为也都是对自己负责的行为。

而规范性社会影响反映的是人们希望被接纳的需要。当我们为了使自己与他人相一致而改变自己的行为时，规范性社会影响就发生了。这种害怕与群体偏离的现象，可能是由于我们害怕被群体讨厌、孤立甚至抛弃（Abrams et al.，2014）。为了保持自己群体成员的身份，并且继续享受这些身份带来的益处，人们常常会选择顺从该群体的社会规范，在行为上符合群体规范，并且赞成群体的价值观与态度。这种规范性社会影响导致的赞同常常是个体的公开赞同，但是不一定会使个体真正地接纳群体的观点和行为。

理解了从众现象的成因，我们便能进一步分析从众的影响因素。从个人因素方面来看，一个人在社会地位、受教育水平、人格倾向、年龄和性别等方面存在差异时，其从众倾向也会有所差异。在群体因素方面，群体因素包括群体规模、群体凝聚力、群体成员的态度一致性和个体在群体中的地位。在情境因素方面，情境的模糊程度与危急程度、是否有权威在场，以及社会文化背景等因素都会对人们的从众行为产生影响。了解从众的成因及影响因素有助于我们在人际交往过程中辩证地看待从众现象，并在从众的压力之下作出更恰当的抉择。

二 课堂交往活动

(一)活动一：从众小实验

1. 活动主题

知识竞答。

2. 活动目的

通过设置难度不同的竞答问题，让学生感受在小组答案讨论过程中从众现象的产生与发展，并尝试分析产生此类从众现象的原因。

3. 活动时间

15 分钟。

4. 参与成员

班级全体成员(如 40 人，每个小组 5 人，共分为 8 个小组)。

5. 材料准备

白纸若干，知识竞答的题目。

6. 操作程序

(1)抽签(1 分钟)：按照分组，每组选派一名代表抽取回答问题的序号。

(2)知识竞答(9 分钟)：各组按照抽到的序号进行知识竞答。在回答之前，教师随机将问题的提示信息发给组内每位成员，其中，除了发放顺序为倒数第二的同学的提示信息为空，其他同学的提示信息均为该组问题的统一正确或错误的答案。从第一位拿到提示信息的同学开始，依次作答。

竞答活动问题如下：①峨眉山位于我国的哪个省？②光速为多少？③体育比赛中铅球的质量是多少？④世界上最长的河是哪条？⑤成年人的骨头共有多少块？⑥地球上的鸟类有多少种？⑦一年中有几个节气？⑧我国首次举办奥运会是在哪一年？

(3)活动感受分享(5 分钟)。

(二)活动二：从众现象接龙

1. 活动主题

从众现象接龙。

2. 活动目的

讨论并分析社会实际情境中发生的各类从众现象，深入分析从众现象的成因与影响。

3. 活动时间

25 分钟。

4. 参与成员

班级全体成员(如 36 人，每个小组 3 人，共分为 12 个小组)。

5. 材料准备

扑克牌。

6. 操作程序

(1)抽签(2 分钟)：各小组从 1～12 的扑克牌中分别抽取 1 张，扑克牌上的数字代表小组发言顺序。

(2)两轮活动(23 分钟)：

第一轮讨论"大学生的从众行为"，由前 6 个小组参加，具体流程如下。

第 1 组：列举一个大学生的从众行为的例子。

第 2 组：分析第 1 组所举例子是否属于从众行为，以及是否具有典型性。

第 3 组：分析这个例子中从众行为产生的原因。

第 4 组：对第 3 组分析的从众原因进行补充分析。

第 5 组：分析从众行为的后果。

第 6 组：对从众行为的好坏进行评价，并说明理由。

第二轮讨论自己亲身经历的从众行为，由后 6 个小组参加，具体流程如下。

第 7 组：列举自己亲身经历的从众行为的一个例子。

第 8 组：分析第 7 组所举的例子是否属于从众行为，以及是否具有典型性。

第 9 组：分析这个例子中从众行为产生的原因。

第 10 组：对第 9 组分析的从众原因进行补充分析。

第 11 组：分析从众行为的后果。

第 12 组：对从众行为的好坏进行评价，并说明理由。

三 教师分享

(一)了解从众，掌握规律

今天的活动对从众行为进行了简要分析，通过这些活动，我们能够清晰地体会到从众行为的普遍性，理解其原因、结果及影响因素。其中，影响因素包括群体因素、个人因素以及情境因素。从群体角度来看，我们发现群体人数越多，个体的从众倾向就越高，也就是说，人越多越容易出现从众行为。个人因素包括年龄、性别、知识、经验以及人格特点等。当个体与别人意见不一致的时候，可能会害怕受到惩罚，进而产生恐惧或担忧的情绪。例如，一些文化程度较低的个体的从众倾向相对更强。知识经验也是影响从众行为的因素，当我们掌握了一定知识时，就可以避免一些从众行为。关于情境因素，信息的多少和时间的紧迫性等因素都会对从众行为产生影响。当人们无法独立判断时，就容易受到他人判断的影响。

(二)从众并不一定错，但要警惕盲目从众

从"人""从""众"这几个字的构形来看，"从"字由两个人相随构成，"众"字由三个人组成，意味着少数人保持与多数人行为一致，也就是我们常说的"随大流"。人们通常会对这种行为给予负面评价，认为容易从众的人没有主见。在中国文化背景下，我们推崇与他人和谐相处，特别是在非原则性问题上，大家保持一致就不会有太大问题，无须过分计较。但在涉及原则的重大问题上，我们应当坚持正确的立场，坚守自我。从众行为在日常生活中有很多表现，例如，路过聚集的人群时，我们总会凑上去看一看；对于最近流行的电子产品，大家都想去试一试。在这类情况下，我们往往受到他人行为的影响，从而对自己的行为进行相应调整。

(三)辩证看待从众心理，保持和谐的人际交往

中国人在面对未涉及原则的问题时，通常会选择与他人保持一致，在小事上不斤斤计较，这体现了中国文化的一种智慧。而在大是大非的问题上，中国人始终坚守自己的原则和正确认知。我们应当辩证地看待从众问题，保持辩证思维。既要与他人和谐相处，又要坚持本真，这是我们在人际交往中展现的一种智慧。

四 学生感悟

(一)学生甲：从众是一把双刃剑

通过课堂上的活动，我们开始思考生活中的许多现象，并思考这些现象是否属于从众效应，同时也更加深入地了解"从众"这一概念。从众如同一把双刃剑，既能产生积极的结果，也能产生消极的结果。从积极的方面来看，从众可

以阻止我们违反群体规范，避免受到惩罚，甚至还能帮助我们获得一些奖励，体现了我们适应性发展的趋势。从消极的方面来看，从众可能会冲淡个人的理性思考。例如，在一群人讨论问题时，成员盲目从众可能会对决策的理性程度产生消极影响。

（二）学生乙：我们身边的从众行为

生活中存在着许多从众行为，它们并不需要很强的外界刺激，就像课程中展示的电梯实验一样。其实，在我们的日常生活中，从众现象随处可见。例如，人们常常会有"随大流不吃亏"的心理。通过对从众现象的学习，我们在以后遇到类似现象时，会更加理智地对待，既不盲目跟风，也不人云亦云，而是多一些独立思考和理性判断。

（三）学生丙：警惕盲目从众

我觉得从众有时候是很可怕的，它可能会引发非常严重的后果。在社会学里有个概念叫"归顺与惩罚"，就是说在某些情况下，如果你不跟风、不遵从某个规则，就可能受到惩罚。因此，我们应当警惕从众心理带来的负面影响，保持自己的主见，坚守理智和初心很重要。在生活中培养自己的批判性思维，这对于应对可能出现的盲目从众现象尤为关键。

五 拓展学习

（一）《从众》(梁良著，东方出版中心，2007)

该书系统地阐述了从众和众从的相关知识体系。内容涵盖社会热点事件、从众的历史发展脉络梳理、从众现象和原因的分析、从不同学科角度解读从众以及如何做到悦纳自我等方面，有助于人们了解有关从众的理论知识，深入理解社会中的从众现象。

（二）《从众心理与亲社会行为》(魏真瑜著，社会科学文献出版社，2020)

该书将社会心理学中备受关注的两个主题（从众心理和亲社会行为）相结合。在从众章节中，通过介绍亲社会从众行为、信任从众行为和利他从众行为的影响因素、神经机制和个体差异，为人们提供了专业的解读，从而引导人们合理看待从众行为。

（三）《乌合之众：群众心理研究》（古斯塔夫·勒庞著，何道宽译，北京大学出版社，2016）

该书通过介绍群众心理、群众的意见和信念以及群众的类别及其特点这三大部分，呈现了社会心理学对群体心理与行为的细致描述，有助于我们理解人的心理与行为如何受到群体影响，以及从众效应在其中发挥的作用。

六 思考与行动

（1）请简要谈一谈在人际交往中，如何把握从众与独立的分寸。

（2）谈一谈从众、顺从与服从三者的联系与区别。

（3）为了避免从众引起的消极后果，你有什么好的建议？

第七讲

印象形成

提到贾宝玉，你脑海中会浮现出什么样的画面？你可能会想到他的容貌或是行为，你所能想到的就是你对贾宝玉所形成的印象。在与他人短暂地或长期地接触后，我们会形成有关他人的印象，同时他人也会对我们形成印象。印象形成既是社会心理学的重要研究领域，也是日常生活中人际交往的重要过程。那么，印象形成究竟是怎么一回事呢？在这一讲中，我们将从印象形成的概念、印象形成的维度、印象形成的加工模式等方面对个体印象形成进行介绍，帮助大家了解印象形成，进而在人际交往中给他人留下好印象。

一 基础知识

(一)印象形成的概念

印象指个体记忆中有关他人的形象或概念；印象形成指个体通过对不同种类的信息进行整合，形成对目标对象整体印象的过程，它是人们知觉他人的重要方式。人们对他人的知觉与对事物的知觉存在着本质的差异。首先，对人的知觉是双向的，人们既是印象形成的主体，也是被观察与知觉的客体。其次，对他人印象形成的过程与个体自身的知觉之间存在紧密联系。最后，随着知觉对象的改变，人们的印象也在不断地发生变化。

印象形成过程包括知觉者、知觉对象、情境三个成分。由于印象是在知觉者的头脑中形成的，因此不可避免地会受到知觉者的心理状态和信息加工过程的影响。知觉对象的外表线索、社会特征和性格特征会影响知觉者对其的印象形成(佐斌，2009)。首先，我们会参考一些身体线索，包括面部特征、面部表情、言语活动和行为方式等，例如，我们会因为一个人长相可爱，喜欢微笑，说话条理清晰，声音甜美，以及她乐于助人的行为来形成对她的印象。其次，我们还会参考凸显性线索，根据客体组织原则，明亮、吵闹、运态和新颖是最容易辨识的突出线索，例如，在一群穿着暗色系衣服的人中，我们会对穿红衣服的人印象最深。最后，我们还会参考角色线索，人在一生中会扮演许多角色，例如，我们对某人的印象可能是学者和父亲。此外，人际交往是在一定的情境下进行的，情境作为人际关系的载体，反映了人际关系的结构和性质，对人际交往有重要影响。印象形成主要有两类情境效应：对比和同化。对比指的是与周围情境方向相反的偏差，同化指的是与周围情境方向一致的偏差。例如，在一个辉煌华丽的场所中，出现一位衣着普通的人，相比其他场所，我们可能会认为他更贫困；而出现一位衣着华贵的人，相比其他场所，我们可能会认为他的社会地位更高。因此，在印象形成的过程中，知觉者、知觉对象和情境三个成分是相辅相成的，都具有不可忽视的重要作用。

(二)印象形成的维度

与印象形成维度相关的探索有着悠久的历史，最初可以追溯至20世纪中叶阿希关于人格特质词的研究。阿希让被试对特质词进行选择，并按照选出的特质词与人格的关联程度将其划分为核心特质和边缘特质。其中，核心特质在个体印象形成中具有更为重要的作用。随后，罗森伯格(Rosenberg)与维韦卡南达(Vivekananda)使用特殊的统计方法对被试提名的熟人特质进行分析，并由此提出了印象形成的智力(高与低)与社交(好与坏)两个维度。随着研究的逐渐深入，研究者将前人研究中所提出的智力与社交维度进行了整合与简化，最终形成了热情与能力两个基本维度，也构成了刻板印象内容模型的主要内容(Fiske et al.，2002)。

(三)印象形成的加工模式

在印象形成的过程中，人们如何将各类信息整合成总体印象一直是印象领域的重要问题，研究者采用三种模型对这个问题进行了解释，分别是加法模型、平均模型和加权平均模型。阿希(Asch，1946)提出印象形成是通过加法模型进行的，即人们对他人形成的整体印象是通过对他人所有积极与消极特质的综合评估值相加得到的。研究表明，当有关刺激极度积极或者极度消极时，印象形成结果符合相加模式(Fishbein & Hunter，1964)。安德森(Anderson，1965)通过实证研究对加法模型提出了质疑，并在此基础上提出了印象形成的平均模型，这一模型主张人们的总体印象是将知觉对象的所有评估值进行平均得到的。随着研究的深入，安德森(Anderson，1967)对平均模型进行了修正，提出了印象形成的加权平均模型，即认为各类特质具有不同权重，总体印象是将每类特质乘以其权重后再进行平均得到的。

(四)印象形成的一般规则

印象形成的一般规则包括印象的一致性、维度、中心特质的作用，以及印象的关系属性。

印象的一致性是指我们倾向于把人作为一个一致性对象来观察。即使有时信息存在冲突和矛盾，我们也会有一种力图形成一致性印象的潜在强烈倾向。例如，我们会在权衡过后提出一个相对优势。

印象形成的维度包括评估维度(好—坏)、力量维度(强—弱)、活动维度(积极—消极)。其中，评估维度是最重要的、最有影响力的性质。

阿希发现，在印象形成中某些特质发挥着中心作用，被称为中心特质；另一些特质则发挥着边缘作用，被称为边缘特质。例如，当我们说一个人是"热情的、勤奋的、谦虚的、果断的"，而另一个人是"冷淡的、勤奋的、谦虚的、果断的"时，虽然两个评价只有一个词的区别，但给人的感觉大不相同，通常人们对第一个人的评价会高于第二个人。

印象的关系属性指当人们看到有关社会属性的品质时，通常会影响到对知觉对象的喜好程度；当人们看到具有智慧属性的品质时，则会影响对知觉对象的尊重程度。

(五)印象形成的心理效应

印象形成的过程中存在首因效应、近因效应、晕轮效应、犯错误效应、刻板效应、情绪效应等。首因效应指第一印象对人的认知具有强烈的影响；近因效应指近期的印象对人的认知具有强烈的影响；晕轮效应又被称为光环效应，是指评价者往往因为被评价者某个方面的优异特质而对被评价者的整体评价偏高；犯错误效应指小小的错误反而会使有才能者的人际吸引力提高；刻板效应指人们对某一类事物或某一社会群体形成的一种比较固定、笼统、概括的看法；情绪效应指人际交往时双方的情绪会影响彼此关系的建立或对彼此的评价。这些心理效应影响着我们的印象形成和判断，合理利用这些效应会让印象管理更加高效。

二 课堂交往活动

(一)活动一：初识印象

1. 活动主题

了解印象的概念。

2. 活动目的

理解印象、印象形成的概念。

3. 活动时间

20分钟。

4. 参与成员

班级全体成员(如40人)。根据班级成员人数进行分组，每组以4~5人为宜，各小组形成竞争关系；分组后，教师邀请学生进行讨论与抢答，这有助于活跃班级活动氛围，调动大家的课堂积极性；不同的小组讨论的答案不同，这有助于开拓大家的思路，丰富学生对印象的认知。

5. 材料准备

(1)两张视觉错觉图：既可以看成这样，也可以看成那样的图片。个体看到不同的图片与知觉选择性有关，知觉对象可以成为知觉背景，知觉背景也可以转换为知觉对象(见图7.1)。

图 7.1　有趣的视觉错觉图

(2)三张人物印象图：有典型印象的人物图片(见图7.2)。

图 7.2　人物图片

6. 操作程序

(1)看图说话(5分钟)：学生根据视觉错觉图描述自己看到的内容。

(2)看图识人(5分钟)：学生根据人物图片推测他是怎样的人。

(3)分享交流(10分钟)：学生自由交流，教师总结。

(二)活动二：我眼中的他

1. 活动主题

认识自己对身边人的印象。

2. 活动目的

通过对身边人的观察和描述，深入理解自己对他人的个体印象和对群体印象的形成过程，增强对印象形成机制的认知。

3. 活动时间

20 分钟。

4. 参与成员

班级全体成员(如 40 人)。

5. 材料准备

纸笔若干。

6. 操作程序

(1)印象中的他人(5 分钟)：每位学生在白纸上写下自己对某个人的具体印象，包括这个人最突出的特点、给自己的感受等。

(2)印象中的他们(5 分钟)：在完成对个体的印象描述后，学生在同一张白纸的下方写下自己对某个人所属群体(如性别、兴趣小组)的印象，并具体阐述形成这种印象的原因和依据。

(3)分享交流(10 分钟)：教师随机抽取几位学生，分享自己写下的印象。教师引导学生思考印象形成的因素和影响。

三 教师分享

(一)印象形成遵循一定的规律

通过课程学习和活动，相信同学们基本了解了我们对自己、对他人，以及他人对我们的印象是如何形成的。通常来说，我们对一个人的印象是通过加权平均的方式得到的。在这个过程中，我们会考察这个人不同的特质，并按照主观认为的重要程度为这些特质赋予相应的权重，权重更高的特质在印象形成的过程中会发挥优势效应。印象形成虽然经历了复杂的心理过程，但我们形成的印象并不是客观的。我们对他人很可能存在偏差的看法，这些偏差如果固化下来，就可能形成刻板印象。因此，一方面，我们在与人交往中，不要轻易下论断，要注意自己在形成他人印象的过程中是否受到了诸如"晕轮效应""首因效应"等心理现象的影响；另一方面，当我们想要获得别人好感的时候，也可以合理利用这些规律。

(二)好的印象有助于提升人际关系

每个人都渴望拥有稳定而良好的人际关系，与人交往并建立和维持一定的人际关系是人一生中最重要的需要之一。建立良好的人际关系需要重视良好印象的形成，一个人在了解他人时，通常是根据有限的信息来形成对他人的印象的。这种印象会影响我们对他人的喜欢和厌恶程度，进而决定我们是否愿意与他人继续交往，这又会进一步影响我们与他人的交往行为。这充分说明了印象形成在人际关系中的重要作用，所以我们要掌握有关印象形成的知识，以便与他人更好地相处。

(三)善用印象形成技巧，促进人际和谐

人际关系是社会关系的一个方面，而印象的形成对人际关系具有重要的影响。在与他人交往的过程中，我们需要关注自己的仪表、体态、言谈等，适当地应用印象形成中的心理效应，这有助于我们树立良好的自我形象。例如，在和他人第一次见面时，我们要尽量做到礼貌谦逊，展现真实的自己，保持真诚，维持一个美好的形象。希望大家能够在沟通中共同进步，建立并维护好自己的社会关系网络，促进社会的和谐。

四 学生感悟

(一)学生甲：印象可以被评估

这堂课让我了解到了印象是如何形成的，也加深了我对心理学的认识。印象形成的加权平均模型让我很感兴趣，我觉得这种方法挺科学的，仿佛是在对别人进行测试并打分。仔细想想，很多时候我们对人的印象确实是通过一种类似打分的心理感觉来产生的。例如，我们对某个人印象很好，对另一些人印象不好。在形成对他人的印象时，我们往往会比较看重某些品质，而对有些品质不是那么在意。这堂课让我对平时如何形成对他人的印象有了更深刻的认识，感觉非常神奇。以后我希望能多了解这方面的知识，更好地生活。

(二)学生乙：印象是具有共通性的

在活动中，我发现大家对他人和群体的评价有很多共通性，例如，大家对教师的评价大多是温柔知性的，不仅是对我们课堂上的教师，对其他课堂的教师也有这样的印象。这似乎就是刻板印象的由来，即我们对某一事物或群体形成了固定的、概括性的看法。刻板印象是我们在日常生活的人际交往中逐渐积

累起来的经验，这有助于我们在不熟悉某个人的情况下，通过其职业或者其他典型的社会身份，快速地形成对对方的认知，从而作好充足的心理准备，以更合适的方式与其交往。同时，我们在与人交往的过程中，也要根据实际情况随时调整自己的印象，尽量避免对某一群体形成十分牢固的刻板印象，甚至形成偏见。

(三)学生丙：印象是复杂的

这堂课让我了解到影响印象形成的一些因素。当我们对他人形成印象时，这个印象不仅取决于知觉对象本身，还受到我们自身和环境的影响。例如，知觉对象的性格、长相、学历等因素都会影响我们对他人的印象；我们自己的情绪状态也会产生影响，当我们心情好的时候，对他人的印象可能也会更好；知觉对象所处的环境也会对印象的形成产生一定的影响，我们对处在宽敞明亮环境里的知觉对象的印象可能会更好。所以，如果我们对他人产生了不好的印象，那么我们可以想一想，是这个人自身的原因影响了我们对他的印象，还是自己当时的状态或环境因素影响了自己对他的评价。想通了这一点将有助于我们改善对他人的印象，进而改善人际关系。

五　拓展学习

(一)《第一印象心理学》(周一南著，古吴轩出版社，2019)

该书以"如何提升第一印象"为主线，阐述了心理学领域中的一些效应和定律。从造型装扮、身体语言、性别魅力、个人修养、人生观、话题选择、有效表达和不同场合这八个方面，详细叙述了打造良好印象的方法，为人们在人际交往中塑造良好印象提供了实用的指导。

(二)《别让印象骗了你》(陆明编著，西苑出版社，2009)

该书聚焦于不要被印象欺骗。上篇通过介绍第一印象和表面假象，帮助人们正确认识第一印象；中篇介绍了如何透过现象看本质，帮助人们学会从细节中发现线索，看到表象下的本质，跳出第一印象的"圈套"；下篇则聚焦于自我认识的提升，引导读者练就一双能够洞察他人的"慧眼"，帮助人们准确地认识他人。

(三)《社会学视角下的印象形成》(陈淑娟著，科学出版社，2020)

该书阐述了个体和群体的印象形成过程以及二者在不同方面的异同，对互联网和印象形成的有机结合提出了独特的见解；帮助人们从不同角度全面理解印象形成的复杂机制，并在各种类型的人际交往中有效地进行印象管理。

(四)《第一印象心理学：你都不知道别人怎么看你》(安·德玛瑞斯、瓦莱丽·怀特、莱斯莉·奥尔德曼著，赵欣译，新世界出版社，2017)

该书介绍了第一印象的心理学知识、七大构成要素和调整第一印象表现风格的方法，并结合具体的案例，生动地呈现了心理学知识在生活中的实际运用，帮助人们更好地展现真实的自己，并深入了解他人对自己的看法。

六 思考与行动

(1)思考一下，人们对自己的印象和感知他人对自己的印象是否存在差异。

(2)在人际交往中，我们如何给他人留下深刻的印象？

(3)结合日常生活中的实际经历，我们可以采取哪些具体的行动来有针对性地改善他人对自己的印象？

第八讲

刻板印象

你印象中的男性和女性是什么样的？谈到男性，你可能会想到一个魁梧强壮的形象；谈到女性，你可能会想到一个温柔婉约的形象。你是否了解过中国南方人和北方人的差异？在大众眼中，南方人是秀丽温婉的，北方人是豪爽大气的。请思考一下，是否所有的男性都是强壮的？是否所有的女性都是温柔的？是否所有的南方人都不够大气，北方人都不够温婉呢？我们对一个群体的既定固化看法就是刻板印象，刻板印象一旦形成，就会对我们的判断和评价产生巨大的影响。在这一讲中，我们将围绕人际交往中的刻板印象，帮助学生更好地认识他人。

一 基础知识

（一）刻板印象的概念

刻板印象（stereotype）、偏见、歧视是社会心理学研究者在关于人类社会性偏向的相关领域中重点关注的三类主题（佐斌等，2006）。刻板印象是人类社会生活中十分普遍的认知现象，也由此成为社会心理学研究者关注的焦点。作为一种认知图式，刻板印象是人们对于某一群体成员的特征及其原因形成的概括且固定的看法。研究者认为，刻板印象具有以下几类突出的特点：首先，个体会将刻板印象群体当成一个整体，忽略群体成员的个性化特征，刻板地将一系列特征归于一类群体，并认为群体中的每一位成员均具有该群体的全部特征。其次，刻板印象具有较高的稳定性，人们对于某一群体的刻板印象一旦形成，便像板上钉钉一样刻在脑子里，很难发生改变。最后，刻板印象还具有一致性与文化传承性，在同一社会文化群体中，人们往往具有相同或相似的刻板印象（佐斌，2009）。

（二）刻板印象的内容维度

在社会交往中，信息纷繁复杂，刻板印象具有哪些内容维度呢？针对这一问题，社会心理学研究者在实证研究的基础上纷纷提出了自己的观点。其中，菲斯克（Fiske）提出的刻板印象内容模型（stereotype content model）受到了广泛认可。该模型表明，刻板印象主要是对他人在热情与能力两个维度上的评价组合，此模型的观点在不同文化的样本中均得到了较好的支持。该模型对高低热情与高低能力进行组合，形成了四类印象群体：具有高热情、低能力特征的为怜悯偏见型群体，这类群体包括老年人、家庭主妇、残疾人等；具有低热情、低能力特征的为贬损偏见型群体，这类群体包含穷人、接受社会救济的对象等；具有高热情、高能力特征的为钦佩型群体，这类群体包含群体内的领导人物、亲密同盟等；具有低热情、高能力特征的为嫉妒偏见型群体，这类群体包含犹太人、富人等(Fiske et al.，2002)。

(三)生活中的刻板印象

刻板印象在我们的生活中随处可见，涉及多样的社会群体。其中，性别刻板印象是人们对男性或女性在行为、人格特征等方面的期望、要求与笼统的看法(佐斌，2009)。这类看法不一定具有事实依据，也较少考虑性别群体内部的个体差异，但这类观点十分牢固，通常很难改变。心理学研究者通过实证研究发现，性别刻板印象在社会中普遍存在。在多数文化中，人们普遍认为男性特质比女性特质更为优越，并产生"女生在数学上的表现不如男生""女性的力量小"等一系列针对女性群体的消极刻板印象，这些消极刻板印象已经在许多方面对女性群体造成了负面的影响。例如，在学校中，具有性别刻板印象的数学教师在课堂上会给予男生更多的关注与引导，从而造成男女获得教育资源的差异。

在学校以外，性别刻板印象在职业领域的影响也很突出。人们常常认为男性更适合从事家庭以外的、竞争性较强的工作，而女性更适合从事家务性与服务性的工作。在具体工作方面，人们普遍认为工程师、程序员与医生等职业应当由男性担任，而教师、护士与服务员等工作应当由女性担任。这些职业性别刻板印象会在求职、工资分配与晋升等情境中对女性的职业发展造成负面影响。例如，有研究表明，当女性申请晋升到典型男性职位时，人们会认为女性在家庭中的"母亲"身份影响了她们的工作能力与表现，进而更不愿意给予她们晋升的机会(Heilman，1980)。

除了性别刻板印象，年龄刻板印象也逐渐成为我们生活中常见的现象。在老龄化步伐逐渐加快的中国，针对老年人的消极刻板印象日益突出。以大学生为例，我国大学生在身体特征、个人表达与认知能力等方面对老年人持有一定的消极内隐态度(佐斌、温芳芳、朱晓芳，2007)。

(四)刻板印象的干预

刻板印象作为一种认知图式，简化了认知过程，为我们节省了大量的时间与精力。但与此同时，基于刻板印象形成的偏见与歧视会对目标群体产生消极影响。那么，怎样才能降低刻板印象的消极影响呢？首先，根据熟悉性策略的观点，与刻板印象群体进行平等的接触与互动能够减少群际的刻板印象与偏见(Gilovich et al.，2015)。其次，接触刻板印象群体中成功人物的方式也能够减弱人们原有的消极刻板印象。例如，在美国总统大选中，非裔候选人奥巴马通过雄辩的口才与睿智的表现赢得了多数美国民众的支持。研究发现，在这一过程中，美国民众对于非裔群体的消极刻板印象显著减少(Plant et al.，2009)。

最后，我们也可以通过强化学习训练的方式改变个体对目标群体的消极刻板印象。

二 课堂交往活动

（一）活动一：物以类聚，人以群分

1. 活动主题

理解群体。

2. 活动目的

让成员理解群体的含义，进而理解刻板印象的起源。

3. 活动时间

12 分钟。

4. 参与成员

班级全体成员（如 40 人）。

5. 材料准备

80 张小卡片和 40 支笔（额外准备 10 张小卡片和 10 支笔作为备用），提前准备好问卷工具。

6. 操作程序

（1）群体提名（5 分钟）：让学生写下提到"群体"时最先想到的群体名称，每个人写出 5～10 个最先想到的、最熟悉的群体，并进行统计。

（2）印象描述（5 分钟）：选取排名靠前的 4 个群体，让学生描述对这些群体和群体成员的印象。

（3）教师总结（2 分钟）：教师根据学生的统计和描述结果进行总结。

（二）活动二：我们的一天

1. 活动主题

理解刻板印象。

2. 活动目的

通过剧本表演，更生动地理解刻板印象。

3. 活动时间

40 分钟。

4. 参与成员

班级全体成员(如 40 人)。

5. 材料准备

小礼品(如本子、书签等)。

6. 操作程序

(1)分组与讨论(15 分钟)：先按照一定人数分组，每两组表演活动一中的一个群体(如学生、教师、女性和老年人)。小组先选择好群体(5 分钟)，然后进行剧本讨论(10 分钟)。

(2)表演(20 分钟)：每组对所选群体进行表演。

(3)集体投票(5 分钟)：根据表演情况，全体成员进行集体投票，优胜组将获得小礼物。

三　教师分享

(一)刻板印象的本质

这堂课我们学习了刻板印象领域的相关内容。通过学习理论知识和开展演绎活动，我们了解到刻板印象是人们对于某一群体成员的特征及其原因形成的概括而固定的看法。作为人的一种自动化加工的心理过程，刻板印象往往是快速而自发形成的，广泛存在于我们的生活中。刻板印象是对现实情境的一种概括，既有一定的一致性，又带有一定的偏差。作为一种认知图式，刻板印象节约了认知资源，提升了认知效率。然而，以偏概全的刻板印象与偏见和歧视紧密相关，可能导致教育和社会的不平等，值得我们关注。

(二)刻板印象对人际交往的重要意义

在面对陌生人时，刻板印象最能体现出它的积极影响。通过地域、性别、年龄等刻板印象对他人进行简单认识，能使人们在人际交往中更便捷地沟通与交流，节省大量的时间和精力，提高办事效率。除此之外，刻板印象也会产生一些消极影响，造成人际关系的不和谐，甚至引发矛盾。首先，刻板印象容易造成"过度概括"的问题，即将某一群体的特征强加到每一个群体成员身上，认为群体内的每一个人都具有这种特征。这会导致人们对个体的认识出现错误，从而造成交流障碍。其次，刻板印象还会使被认识对象在人际交往中感到一定的压力，受消极刻板印象影响的人在生活中会感受到焦虑和威胁，这对其自身的生活也会产生影响。因此，我们要正确认识刻板印象，在利用其积极作用的同时，时刻提醒自己保持警惕，避免因刻板印象伤人伤己。

（三）合理看待刻板印象，提高人际交往质量

对我们来说，规避刻板印象的不利影响最实用的方法是树立无偏见的信念，并时刻进行内省与反思。虽然同一群体的人会拥有某些共性，但是"世界上没有两片完全相同的叶子"，每个人都是独特的个体。这就提示我们在人际交往中，要学会多观察身边的人、事、物，尝试理解人与人之间的差异性，包容和接纳这种多样性，多一些尊重与理解，让社会更加和谐和美好。

四 学生感悟

（一）学生甲：刻板印象是把双刃剑

通过今天的课程，我明白了刻板印象的含义和普遍性。我们常常在无形中受到刻板印象的影响，从而对他人作出简单的直观判断。不得不说，我之前对"刻板印象"有刻板印象，我一直以为刻板印象就是不好的，其实它也有好处。它能大大节约我们的精力，节省认知资源，使我们快速地对一些人有一个大致的了解和判断。当然，它也存在很多弊端，例如，会破坏人际和谐，伤害他人的自尊等。所以，以后我会更加注意，在与人交往时我会更加理性地观察具体行为，尊重他人，加强沟通和交流。

（二）学生乙：打破刻板印象

作为一个男性，我在表演环节中饰演了一个女性，这种体验很新奇。这也改变了我之前对女性的刻板印象。性别刻板印象是一种常见的刻板印象，是人们对男性或女性角色特征的固有印象，体现了人们对性别角色的期望和看法。人们通常认为男性应该具有攻击性、独立、主动、自信、竞争心强、抱负远大等特质；女性则温柔、害羞、文静、温情脉脉、对安全有强烈的需要、善于表达等。经过这堂课的换位思考，我明白了男女各有优势，以后会更加尊重身边的女性朋友，与她们和谐相处。

（三）学生丙：无处不在的刻板印象

刻板印象在生活中无处不在。例如，《三国演义》中曾与诸葛亮齐名的庞统去拜见孙权时，"权见其人浓眉掀鼻，黑面短髯，形容古怪，心中不喜"；庞统又去见刘备，"玄德见统貌陋，心中不悦"。孙权和刘备都因庞统面貌丑陋，便认为他没有才能，从而产生了不悦的情绪，这实际上是刻板印象的负面影响在

起作用。再如，人们通常认为工人豪爽，农民质朴，军人雷厉风行，知识分子文质彬彬，商人精明，这些都是人们在脑海中形成的刻板印象。由于刻板印象的影响，人们在认识某人时，往往会先将一些特定的特征归属于某类成员，然后再以此为依据去认识这个人。所以，在和他人交往过程中，我一定要警惕无处不在的刻板印象。

五 拓展学习

(一)《刻板印象内容与形态》(佐斌著，华中师范大学出版社，2015)

该书通过刻板印象内容模型和社会认知"大二"模型，论述了热情与能力两个基本维度的性质及其关系，报告了性别刻板印象、年龄刻板印象、国民与民族刻板印象的实证研究结果与理论分析，帮助人们领略刻板印象研究的丰富内容和方法。

(二)《刻板印象：形成与改变》(陈莉著，中国人民大学出版社，2021)

该书全面梳理了刻板印象的研究领域和研究进展，帮助人们系统地了解刻板印象研究的相关知识。内容包括刻板印象表征模型、刻板印象的内容及发展、刻板印象的研究方法、刻板印象的形成、刻板印象的神经机制、刻板印象的影响和干预等方面。

(三)《刻板印象》(克劳德·M.斯蒂尔著，陈默译，民主与建设出版社，2021)

该书通过身份认同、负面刻板印象和刻板印象风险这几个关键词，系统介绍了生活中可能遇到的各种情况，并就如何摆脱刻板印象的陷阱给出了应对计划，帮助人们意识到身份认同的重要性。

六 思考与行动

(1)想一想，你对常见的社会群体的印象是什么？问问身边的人，他们是否和你有相同的刻板印象？

(2)刻板印象内容模型的两个维度是什么？是否还有其他维度可以用来评价群体刻板印象？

(3)对于有效减弱消极刻板印象的措施和方法，你有什么好的建议？

第九讲

偏见与歧视

　　偏见与歧视如同无形的枷锁，我们身处其中却难以察觉，它们潜移默化地影响着我们的态度和行为。例如，现在一些招聘信息列出了年龄的限制，如 35 岁以下或 50 岁以下。"头发长见识短""嘴上无毛，办事不牢"等针对性别与年龄的偏见或歧视屡见不鲜。那么，偏见与歧视是怎样产生的？有什么方法可以消除偏见与歧视？在这一讲的学习中，我们将对这些问题进行探索。

一 基础知识

(一)偏见与歧视的概念

　　偏见是态度的一种，包含对目标对象的积极与消极两类态度。一般而言，在社会心理学的研究中，偏见多被用来指代负面的态度。心理学家奥尔波特在他的经典著作《偏见的本质》中指出，偏见是"基于错误和顽固的概括而形成的憎恶感"，偏见的本质是对一个群体及个体成员的负面预先判断。因此，偏见被普遍定义为对他人或群体持有的敌对或是负面的态度，这类态度既不符合情理，也不符合逻辑，并且具有明显的情感倾向（Aronson，Wilson，& Akert，2014）。另外，偏见也具有一定的行为成分，对受偏见群体持有的消极行为被称为歧视，歧视是不合理的差别待遇。研究者发现，偏见态度在一定程度上会导致歧视行为。例如，认为"男生比女生更具有数学天赋"的教师可能会在课堂上给予女生更多的训斥和讽刺。事实上，在我们日常生活中，偏见与歧视的例子也随处可见，例如，在社会招聘情境下，招聘者会因为对女性能力的偏见而更少录用女性员工（Heilman，1980）。

(二)偏见与歧视的成因

　　那么，偏见与歧视是怎样产生的呢？在前人研究的基础上，我们可以将其成因分为以下几类。

　　从认知的角度来看，偏见与歧视是刻板印象与分类的结果。在社会生活中，人们会接触到各种各样的人，对每个个体进行深入加工都需要耗费大量的认知资源，并不容易实现。因此，人们倾向于在社会类别的基础上认知对象，这种方式能够让人在信息有限的情况下对他人进行快速判断，进而影响初始的人际交往过程。这一认知倾向在大多数情况下是有效的，然而，社会类别的划分既夸大了群体之间的差异，同时忽略了群体成员之间的差异性。对此的过分依赖会使人忽略他人身上的个体化信息，导致认知偏差，形成偏见态度和歧视行为。

　　在社会分类的基础上，根据社会认同理论和自我归类理论，人们对于社会类别的划分是基于自我认同而产生的，人们会根据他人与自己在社会类别上的一致性将其归入内群体或外群体。出于维护自尊的需要，人们更倾向于以多种形式维护内群体的优越感，形成内群体偏好与外群体贬损的态度，从而导致对外群体的偏见与歧视(Crocker & Luhtanen，1990)。

从个体发展的视角来看，通过社会学习而产生的直接或替代经验是偏见产生的重要方式。在儿童的养育与教育的过程中，父母与教师的榜样作用与电视媒体的宣传在很大程度上会让儿童产生对各种社会群体的偏见(Ashmore，1980)。例如，一个生活在反犹太人家庭中的孩子更有可能从父母的谈话和行为中接触到反犹太人的观点和态度，并将其内化到自身对犹太人的态度中，进而形成偏见，产生歧视行为。

动机视角的替罪羊理论(scapegoat theory)认为，痛苦与挫折的经历常常会导致个体对他人的敌意与攻击。例如，在美国社会中，白人是社会的优势种族，有着比其他族裔更高的社会地位，由于历史原因，黑人族裔在社会中长期遭受来自白人的偏见与歧视。在这样的社会氛围下，部分黑人会将自己遭受的偏见和歧视转移到社会中的其他少数族裔中，如亚裔，这导致了许多针对亚裔的恶性事件发生。

依据现实群体冲突理论，偏见与歧视可能来自群体之间的资源竞争。对这一观点最有力的证据来自谢里夫等人的"罗伯斯山洞实验"。在实验中，研究者邀请两队男孩参与夏令营活动，分别为"老鹰队"和"响尾蛇队"。一开始，他们都互相不知道对方的存在，但随着活动的开展，两队成员发现了对方，并出现了冲突迹象。随后，两支队伍参与了一系列的竞争任务，而这些任务加剧了两队人之间的敌意，他们相互谩骂、贬损对方。在随后的实验中，研究者通过设置多项两队合作的任务，才逐步解决了两队之间的矛盾冲突。由这个实验结果可以看出，在资源紧缺的情况下，为了获得自身所在群体的利益，群体之间的偏见和歧视可能更容易发生。

(三)偏见与歧视的种类

根据对应的社会群体，偏见与歧视可以划分为不同的类别。其中，性别偏见和歧视是最为常见的类别之一。性别偏见和歧视是指人们对某一性别成员的消极态度和行为，这样的偏见和歧视在不同的社会情境中有不同的表现形式。例如，在求职的过程中，性别歧视的例子屡见不鲜，公司常常以婚育等个人原因拒绝录取或辞退女性……这些偏见与歧视都导致女性的职场之路困难重重(佐斌，2009)。除了性别歧视，地域歧视也是社会中十分普遍的现象。人们常会因一个人所处的地域而对其产生偏见或歧视。这一现象是由地域文化差异、经济发展不平衡、心理活动不同等多种因素引发的。

除此之外，在美国等多种民族国家中，针对黑人等有色人种的偏见与歧视现象也较为突出。20 世纪，大部分美国人均赞成在公交车上设置黑人隔离区，并在游泳馆等诸多公共设施中对黑人群体的行动进行不合理的限制。虽然在当今社会中，种族偏见已经有所缓解，但是不可否认的是，在美国的法律、医疗、社会保障等公共服务中，依然存在着对少数族裔的系统性种族偏见（Aronson，Wilson，& Akert，2014）。

(四)如何减少偏见与歧视

怎样才能减少偏见与歧视的发生呢？首先，我们需要打破偏见的惯性循环。"无知假说"认为，偏见多源于相关信息的缺乏，因此在生活中，增加对目标群体的接触与了解，在很大程度上能够降低人们的偏见与歧视。其次，增加群体之间的接触也是减少偏见的重要途径。接触假说认为，在地位平等、相互合作且目标相同的情况下，群体之间的直接接触能够有效降低群际偏见；与此同时，扩展接触假说认为，人们在得知自身群体中的成员与另一群体成员之间建立了友谊的情况下，群际之间的偏见也可以得到有效改善。最后，根据目标假说，个体可以通过降低自身的群际焦虑、改变目标的实现方式或是建立公平的新目标的方式来消除对于特定群体的偏见（Gilovich et al.，2015）。

二　课堂交往活动

(一)活动一：生活情景剧

1. 活动主题

关注与反思。

2. 活动目的

感受偏见与歧视的产生过程及其负面影响。

3. 活动时间

40 分钟。

4. 参与成员

班级全体成员（如 40 人）。

5. 材料准备

讨论所需的纸笔、硬纸板等，用于制作简易道具的材料。

6. 操作程序

(1)剧本编排(10 分钟)：按照班级的人数进行分组，形成两个小组（A 组与

B组)。各小组选取一个主题后，组内成员展开讨论，选取能够体现偏见与歧视的典型场景，撰写剧本，为课堂表演及分享作好准备。

（2）剧本表演（30分钟）：各小组依次进行情景剧表演，其他同学及教师在观看后展开讨论。

（二）活动二：小小辩论赛

1. 活动主题

辨析偏见。

2. 活动目的

从正反两方面思考偏见与歧视的相关问题。

3. 活动时间

40分钟。

4. 参与成员

班级全体成员（如40人）。

5. 材料准备

讨论所需的纸笔、辩论主题、黑板或多媒体设备。

6. 操作程序

（1）辩题选择（5分钟）：将全班分为8组，每两个组分配一个辩题。辩题示例如下。理科生是否比文科生有前途？招聘是否需要对男女设置不同标准？人的偏见是否可以消除？网络游戏是利大于弊还是弊大于利？随后宣布辩论规则，具体辩论规则如表9.1所示。

表9.1　辩论规则

正方	反方
①正方1辩陈述（2分钟）	②反方1辩陈述（2分钟）
③正方2辩发问（30秒）	④反方2辩回答（1分钟）
⑥正方3辩回答（1分钟）	⑤反方3辩发问（30秒）
⑦正方4辩发问（30秒）	⑧反方自由回答（1分钟）
⑩正方自由回答（1分钟）	⑨反方4辩发问（30秒）
⑪正方自由发问（30秒）	⑫反方自由回答（1分钟）
⑭正方自由回答（1分钟）	⑬反方自由发问（30秒）
⑯正方4辩总结（2分钟）	⑮反方4辩总结（2分钟）

（2）辩论准备（8分钟）：各小组内部展开讨论，明确辩手人选，并准备好相应的论据和论点等。

（3）预辩论（7分钟）：每两组针对辩题展开自由辩论。

（4）正式辩论（20分钟）：抽取一个话题，安排两组在全班进行辩论。

三　教师分享

（一）偏见与歧视常见但不合理

在课程中，同学们通过丰富的形式向我们展现了生活中的一些片段。在这些片段中，我们看到了有关性别、种族等方面的偏见和歧视行为。相信不论是表演者还是观看者，在心理上都会受到触动。从表演中我们不难发现，人们的偏见和歧视呈现出多种多样的形式，有的表现直接且外显，有的表现间接且内隐。例如，面试官在面对男性和女性应聘者时，可能会有意无意地采用双重标准。偏见和歧视在日常生活中极为普遍，当我们未来再遇到区别对待的情境时，不妨多思考"为什么""这样的区别对待是不是合理的"。通过这样的思考，我们能够增强对偏见和歧视的敏感性，避免自己的语言和行为给他人带来伤害，从而更有效地进行人际沟通，营造和谐的社会氛围。

（二）避免偏见与歧视的小技巧

在现实生活中，我们可以通过多种方法来消除自己对他人或者他人对自己的偏见和歧视。最直接的方法就是直接去接触这个群体。例如，当我们发现自己对某个国家存在某种不合理信念时，最有效的方法就是广泛搜索相关信息，突破自己原有的生活圈，尽可能多地与该国家的人进行接触和交流。我们还可以通过自我反省的方式来消除偏见，因为偏见和歧视本身就是认知的一部分，所以经常审视自己的态度，有助于消除和预防偏见与歧视的产生。在遇到与此相关的情境时，我们要谨慎发言，不轻易评价他人的行为和事物，尤其是那些我们并不了解的情况。我们还可以多接受教育，多看书，增长自己的见识。见识越广的人，越能理解不同群体和他人的行为，更能理解他人的不易，从而拥有更加包容的态度和更加宽广的胸襟。

（三）以开放的视野看待世界

在当下的社会生活中，我们在新闻、社交媒体中经常会看到与偏见和歧视有关的事件。作为充满热血和抱负的青少年，我们很容易被这些事件影响，进而产生了一些沮丧的看法。然而，我们今天看到的社会，只是时代发展中的一个剖面，它是过去数十年各种因素影响下形成的社会现状，并不意味着未来也会一直如此。社会中虽然存在着一些令人沮丧的所谓"现实"，但也孕育和诞生着新思想。这里是我们未来发展、实现梦想的肥沃土壤。因此，当我们在目睹偏见和歧视现象时，更重要的是通过自己的言语和实际行为，关注和研究这些问题，帮助更多的人改变刻板化的认知、消除偏见和歧视，让社会朝着更加美好的方向发展。

四 学生感悟

(一)学生甲：交往中要互相尊重与包容

通过本次课程的学习，我们了解到生活中普遍存在对某些群体的刻板印象。例如，在社会中，男性和女性可能会因为生理结构的不同而在某些工作上各有擅长。但是，我们不应该因为这些差异而对某一性别持有偏见和歧视，应该采取更加开放包容的态度，尊重个体的选择，加强沟通和理解，从而促进自我提升，构建和谐的人际关系。

(二)学生乙：警惕偏见的"有色眼镜"

通过本次课程学习，我深刻认识到每个人都有自己的偏见和看法，这些偏见和看法可能源于我们的文化、经验、背景、信仰或其他因素。它们会在一定程度上阻碍我们正确地看待世界和他人，进而造成误解和冲突。基于此次课程所学，我意识到要警惕偏见，提升审辩式思维，就需要积极了解他人的背景和经验，并以理性的态度去看待和理解他们。同时，我们还需要反思自己的偏见和看法，以及这些偏见和看法对我们的思考和行为产生的影响。只有这样，我们才能摆脱"有色眼镜"的束缚，建立更加公正和平等的社会。

(三)学生丙：偏见比无知更可怕

偏见产生的一个重要原因是真实知识的缺乏。虽然偏见源于无知，但它比无知更加可怕。无知主要涉及知识层面的问题，而有偏见的人往往会固执地认为自己正确，对不了解、不认识的事物表现出排斥、恐惧和拒绝接受，这本质上属于态度问题。当有偏见的人掌握话语权，或者带有偏见的人数量众多时，往往会给世界带来巨大的灾难——种族偏见与歧视就是一个惨痛的教训。因此，我们不能让偏见主导自己的想法。当感到被激怒、被冒犯的时候，不妨想一想，自己所表达的观点中是否存在偏见。

五　拓展学习

(一)《偏见》(李淑臻著，东方出版中心，2007)

该书将偏见更多地界定在消极偏见的范畴基础上，通过讲述有关偏见的故事、阐述偏见的由来和变迁、介绍偏见的各种表现形式以及探讨积极干预的方法等内容，帮助人们正确认识社会中的偏见现象，并学会运用合理的心理学方法来消除偏见。

(二)《下一站天使学院》(松小果著，湖南少年儿童出版社，2015)

该书是一部青春校园题材的小说。主人公不慎搭上天使公交，误入天使学院。在这里，他遇到了性格各异的天使们，之后发生了一系列发人深省的故事。主人公自幼遭受歧视，来到天使学院后，发现这里的歧视现象更严重。于是，他通过自己的努力，最终消除了大家的偏见。该书传达了消除歧视、平等待人的观念。

(三)《偏见的本质》(戈登·奥尔波特著，凌晨译，九州出版社，2020)

该书是偏见与歧视研究领域的权威著作。内容包括偏向性思维、群体间差异、社会文化因素、偏见的习得过程、偏见的动态变化、偏见的人格特征和消除偏见的建议等，为人们提供了关于偏见和歧视的社会心理学见解，有助于人们进一步洞察偏见的本质。

六　思考与行动

(1)想一想什么是偏见与歧视。你在生活中是否曾有过偏见与歧视的行为或想法呢？与朋友分享和交流。

(2)思考一下，这些偏见与歧视是如何形成的？

(3)在日常生活中，我们应该怎样做才能减少人们的偏见与歧视？

第十讲

助人行为

当你在人来人往的街道上看到一个倒在路边的人，你是否会上前帮助他？当你在公交车上看到站着的老人，你是否会为老人让座？当你孤身在外需要帮助时，你怎样向别人求助才更容易得到别人的帮助？这些都涉及本讲的主题，在这一讲中，我们将探讨人作为社会性动物的一种非常重要的行为——助人行为，帮助学生理解社会心理学中助人行为的基本概念及相关知识，并通过课堂活动让学生体会助人行为的意义，培养学生助人的意识。

一　基础知识

(一)助人行为的概念

从本质上讲，助人行为(helping behavior)是亲社会行为(prosocial behavior)的一种特殊情况。亲社会行为泛指一切符合社会期望且对他人、群体或社会有益的行为，而助人行为是以特定的个人或群体为对象的亲社会行为。

(二)助人行为的理论阐述

在很多情况下，助人行为并不能为助人者带来即时的好处，甚至可能会对助人者的利益造成一定程度的损害。然而，助人行为在人类的历史长河中一直存在，那么为什么会产生助人行为呢？目前，得到较多研究者支持的理论有以下几种。

1. 进化理论

科学家很早以前就观察到一些动物表现出的亲社会行为。对于包括人类在内的很多物种来说，任何具有高度生存价值且由基因决定的特征都有可能被传递给下一代，而个体的利他行为就属于这种特征。进化心理学家提出了亲属选择(kin selection)的概念，认为个体自然地会作出那些帮助亲属的行为。为了使基因能够继续传递下去，个体除了保证自己的健康与安全，另一种方法就是通过自己的孩子和血亲的孩子来增加基因遗传的机会。此外，互惠规范(norm of reciprocity)认为，个体之所以帮助他人，是因为希望增加他人将来帮助自己的可能性。在人类漫长的发展史中，与他人形成互惠的默契具有极高的生存价值，因此互惠规范可能是一种遗传基础。当帮助他人成为一种社会规范后，个体若想顺利地融入社会并具有生存优势，就需要遵守社会规范，所以人类自然而然地发展出了帮助他人的倾向。除了在个体水平上的自然选择，具有更多利他行为的群体有更高的存活可能性，更有可能将自己的基因传递下去。

2. 社会交换理论

与进化心理学的观点类似，社会交换理论也认为助人行为的根源是自利，但这种自利并非来源于基因。社会交换理论认为，当助人行为的报酬超过成本时，个体才会发起助人行为。这种报酬一方面表现为在未来某个时间被帮助的人会"报恩"，即反过来帮助助人者；另一方面可能是为了减轻旁观他人受难时所感受到的唤醒和困扰。在助人行为方面，社会交换理论认为助人者和被帮助者同样受益。对于被帮助者而言，他们得到了帮助；对于助人者来说，他们得到的报偿既有外部的，也有内部的。

3. 学习理论

学习理论强调后天学习对助人行为产生与发展的重要性。人们不仅通过直接强化习得了帮助他人的行为，而且通过观察学习来培养帮助他人的习惯。也就是说，助人行为是通过观察学习习得的。一方面，我们观察到他人的助人行为，并看到对方在助人后获得赞赏，因此学会了助人行为；另一方面，助人是中华民族的传统美德，我们接受的教育教会我们助人为乐。

4. 社会规范理论

社会规范包括社会责任规范、互惠规范和社会公平规范。社会责任规范是指我们有责任帮助那些依赖自己的人，互惠规范使我们认识到应当帮助那些帮助过自己的人，社会公平规范指同等的贡献应获得同等的报酬。这三个规范为亲社会行为提供了文化基础。通过社会化的过程，个体学习了这些规范，并表现出符合这些规范的亲社会行为。

5. 利他主义

利他主义观点认为，个体的助人行为并不是为了寻求某种好处，而是单纯地想要帮助他人。丹尼尔·巴特森（Daniel Batson）提出了共情-利他假说（empathy altruism hypothesis），认为当个体对被帮助者产生共情时，会出于纯粹的利他主义去帮助这个人。

（三）助人行为的影响因素

助人行为是一种非常复杂的社会性行为，受到多种因素的影响。从助人者的角度来看，利他人格（altruistic personality）会使得个体在不同情况下更有可能去帮助他人。性别也会对助人行为产生影响，男性更有可能在彰显英雄主义的情况下冒险救助陌生人，而女性在更多情况下会对朋友提供社会支持和从事帮助他人的志愿者工作（Monin，Clark，& Lemay，2008）。此外，助人者与被帮助者是否属于同一类群体、助人者是否信仰特定宗教，以及助人者在当时的心境等，都是影响助人行为的因素。另外，情境也会对助人行为的发生起到一定作用。城市过载理论（urban overload hypothesis）认为，城市居民平时受到过多信息的刺激，使他们形成了独善其身的倾向，以避免被大量的信息淹没，这可能导致城市居民比乡村居民更少地帮助他人。助人行为发生时有无旁观者和旁观者的数量也是重要的影响因素。无论是东方文化还是西方文化，都曾发生过许多人对需要帮助者的艰难境况"视而不见"的事件。事实上，这并非因为人心冷漠，而是因为出现了旁观者效应（bystander effect）。此理论认为，当紧急事件发生时，旁观者越多，他们中的每个人伸出援手的可能性就越小。一方面是因为责任扩散（diffusion of responsibility），即周围的旁观者越多，每个人分担的责任越少，这种责任分担会降低个体的助人行为；另一方面是因为情境的不明确性（ambiguity），从决策分析过程来看，人们有时无法确定某一情境是否真正处于紧急状态，此时其他旁观者的行为会影响个体对情境的定义，进而影响其行为。如果他人漠视该情境，或表现得好像什么事情都没有发生，我们也可能认为没有紧急事件发生。

(四)提高助人行为的方法

助人行为有利于个体和社会的发展，我们若想增加助人行为的产生，可以从以下几个方面入手：首先，在个体教育的过程中，家庭和学校中的社会化和榜样作用可以为个体未来助人行为的发生奠定基础。其次，家长和教育工作者可以有意识地培养个体的责任心、共情能力，并适当地进行一些助人技巧的培训。最后，整个社会可以通过媒体和舆论的力量，营造积极和谐的氛围，使助人行为成为一种社会规范。

二 课堂交往活动

(一)活动一：一镜到底

1. 活动主题

理解不同助人情境的影响。

2. 活动目的

在不同角色中体会自己所处的情境，感受影响自己做出助人行为的因素，并以第三视角观察他人在该情境下的态度与行为，引发思考。

3. 活动时间

30分钟。

4. 参与成员

班级全体成员（如40人）。

5. 材料准备

若干张纸，不同场景的材料，大屏幕。

6. 操作程序

(1)分组抽签(5分钟)：学生分为8组，依次抽签确定表演场景；小组成员抽签确定自己在场景中的身份，A作为扮演者，B作为路人，组外成员均为C。

(2)角色扮演(20分钟)：每组根据屏幕上呈现的剧本进行表演。当剧本要求自由发挥时，学生需要思考遇到类似场景时自己会怎么做，尽量表演出自己生活中的真实行为。

(3)交流分享(5分钟)：学生间分享活动感受。

8个不同的场景如下。

①场景1A：天桥上。A是一个中年男人，因工伤致残，在天桥旁摆摊卖手工饰品；B路过时认出其残疾身份，且今天刚领到8000元的国家奖学金，并得到了院领导的表扬。当B看到A时会怎么做？(自由发挥)

②场景1B：天桥上。A是一个中年男人，因工伤致残，在天桥旁摆摊卖手工饰品；B路过时认出其残疾身份，但B今天刚好没有完成作业，被教师批评了，甚至可能考试不及格。当B走到A面前时，看到了A的情况，B会怎么做呢？(自由发挥)

③场景2A：夜晚的路口。A是一个衣衫褴褛、满身酒气、身材消瘦的中年女性，她瘫坐在路边，浑身颤抖。B正在逛街，路过时看到A的情况，B会怎么做呢？(自由发挥)

④场景2B：夜晚的路口。B正在逛街，他忽然看到A(一个衣着优雅、面容精致的年轻女性瘫坐在路边，浑身颤抖)，这时B会怎么做呢？(自由发挥)

⑤场景3A：学校大门口。B在闲逛，他忽然看到A瘫坐在路边，浑身颤抖，看起来需要马上去医院。B会怎么做呢？(自由发挥)

⑥场景3B：学校大门口。B急着赶回学校上一节重要的课，此时还有5分钟上课。他忽然看到A瘫坐在路边，浑身颤抖，看起来需要马上去医院。B会怎么做呢？(自由发挥)

⑦场景4A：江边的街道。B在闲逛，他忽然看到A瘫坐在路边，浑身颤抖，看起来需要马上去医院。其他路人似乎没有看见这一幕，匆匆走过。B会怎么做呢？(自由发挥)

⑧场景4B：江边的街道。B在闲逛，他忽然看到A瘫坐在路边，浑身颤抖，看起来需要马上去医院。其他路人围观着这一幕，没有什么举动。B会怎么做呢？(自由发挥)

（二）活动二：当事人与旁观者

1. 活动主题

共情（empathy）。

2. 活动目的

共情是助人行为的重要原因。此次活动可以让学生体会他人的感受，理解助人行为的原因。

3. 活动时间

20 分钟。

4. 参与成员

班级全体成员（如 40 人）。

5. 材料准备

白纸若干。

6. 操作程序

（1）抽签（5 分钟）：每个小组派代表抽签，决定将要扮演的人物：W 代表我，T 代表他。抽到写有 W 的小组以第一人称展现所抽到人物的内心世界（形式自定），抽到写有 T 的小组以第三人称展现抽到人物的内心世界。共有 AW、AT、BW、BT、CW、CT、DW、DT 8 组（其中，A、B、C、D 作为不同场景的编号标识）。

（2）讨论（5 分钟）：小组内部讨论，展现该人物的内心世界（形式自定）。

（3）分享（10 分钟）：邀请学生谈谈设计理念和个人感想。

人物如下。

①与家人聚少离多的警察（AT）。

②与家人聚少离多的警察（AW）。

③性格内向，被人误解为"不好说话"的大学生（BT）。

④性格内向，被人误解为"不好说话"的大学生（BW）。

⑤独自在异乡打拼的年轻人（CT）。

⑥独自在异乡打拼的年轻人（CW）。

⑦治愈患者的家人（DT）。

⑧治愈患者的家人（DW）。

三 教师分享

(一)助人与共情

活动一主要通过角色扮演的方式，分别从求助者、路人和第三方视角来了解助人行为。根据责任分散效应，当紧急情况发生时，如果现场有很多旁观者在场，就容易出现责任分散现象，此时任何一个旁观者出面帮忙的可能性都相对较低。所以，从求助者的角度来说，如果你需要求助，最好在众人中选择一个确定的具体目标，这样被帮助的成功率相对更高。活动二则侧重帮助大家了解共情。在活动中，"我"和"他"的视角是不一样的，因为每个人的成长环境、接收的信息不同，自然会有不同的想法。大多数的研究显示，共情能力与助人行为呈正相关，即一个人的共情能力越高，就越有可能做出抚慰、分享等助人行为。共情是助人行为的重要来源，能够促进个体助人行为的发展。实验表明，共情训练可以培养和提高青少年的共情能力，进而促进其助人行为的发生。

(二)助人行为的知识扩展

助人行为是指以特定的个人或群体为对象的亲社会行为。亲社会行为泛指一切符合社会期望，且对他人、群体或社会有益的行为，它主要包括分享行为、捐献行为、合作行为、助人行为、安慰行为和同情行为等。那么，如何培养助人行为呢？首先，我们可以帮助人们正确解释事件，增加责任的明确性，从而提高人们助人的可能性。其次，基于社会学习理论，我们可以通过示范来增加助人行为的频率，即通过观察他人的助人行为来培养自己的助人行为。这种示范主要包括现场示范和媒体示范两种形式。从身边人、身边事做起，耳濡目染能有效提高助人意愿，父母、教师和同学的行为都是很好的现场示范；媒体对于助人行为的宣传同样能起到榜样示范的作用，可以引导更多人(特别是青少年)关爱和帮助他人。

(三)共情能力训练

心理学家斯托布(Staub)认为，助人行为的产生有两个关键因素：一是共情的能力，二是掌握如何帮助别人的知识和技能。共情能提升人们的助人行为，因此共情训练是一种提升共情能力的有效方法。常用的训练方法包括情绪感知、角色扮演、谈话讨论。第一，情绪感知。首先，我们可以通过写日记的方式来感知自己的情绪。记录情绪变化过程，并写下对这些情绪的看法。这能为今后提供一个参考，有助于提高对他人情绪的觉察与感知。其次，与他人深度协作、坦诚沟通可以深入了解他人的情绪。第二，角色扮演。可以两人一组，分别扮演倾听者和倾诉者，再进行角色交换。从两个角度进行体验，在这个过程中，倾听有助于了解对方想要表达的内容。第三，谈话讨论。有效的沟通会让交往更加顺畅和谐，多进行谈话讨论有助于提升我们的谈话技巧，从而促进良性沟通。

四　学生感悟

(一)学生甲：助人是一种品性

人格是一个相对稳定的对人、事、物的心理倾向。如果说某个人具有乐于助人的人格特征，那么他会更多地关注别人、同情别人，并为别人提供帮助。这种人格特征不仅会给当事人自身带来收益，无论这种收益是来自内在的价值感，还是外在的赞誉或友谊，而且能给社会带来温暖。总之，助人行为可以看作一种良好的人格特点和品性，能给人们带来关怀。

(二)学生乙：助人也是助己

通过人际交往这门课程中助人行为的学习和活动实践，在今后的学习生活中，我们应该多关爱与帮助他人。就像课程中所说的那样，"帮助他人，快乐自己"。助人行为不仅对他人有好处，我们自己也是受益者。我们在帮助他人解决问题的同时，能提升自我效能感、自我价值感，愉悦自己的心情，还能获得别人的感谢。帮助别人也是传递善意的过程，如果每个人在接受别人帮助的同时，也去帮助别人，我们的世界将会越来越美好。

(三)学生丙：做自己力所能及的事

在现实生活中，我们会遇到各种不同的求助情境，我会根据自己的实际情况来决定是否帮助他人。在判断自己是否采取助人行为时，我会综合考虑各种因素，如过往的经历、需要帮助的人的特点和状态、自己所处的环境，而不是仅仅注意求助者的性别。在相同的助人情境下，女性助人者可能会更多地考虑自己的人身安全，而男性助人者可能会更多地考虑自己的财产安全。在实际生活中，我们要结合个人的特性和多种外部因素，做好自己力所能及的事情。

五 拓展学习

(一)《利他方能利己》(邱庆剑著，电子工业出版社，2010)

该书从"利"字着眼，阐述了烦恼皆因利己而生、利他方能利己、做一个利他的人、把麻烦留给自己和把他人利益放在首位五大章节内容，启发人们在学习、生活和工作中要少比较、少计较，心存感恩，勇于承担责任。

(二)《助人为乐》(中央文明办中国文明网编，河北少年儿童出版社，2016)

该书从中国文明网"好人365"专栏中精选了29个以"助人为乐"为主题的好人故事，每个故事均包括名人名言、导语、好人故事、编辑感言和网友点赞五部分。通过讲故事的形式，该书生动展现了身边好人的感人事迹和高尚精神，启示人们要发扬助人为乐的传统美德。

(三)《互惠的美德：博弈、演化与实践理性》(陈常燊著，上海人民出版社，2017)

该书聚焦于"互惠性"这一概念，从"博弈""演化"和"理性"的角度出发，介绍了博弈论的理性基础、博弈与行动的关系、博弈与不同类型的合作关系以及博弈的演化等内容。在哲学基础上，进一步引导人们反思合作和利他理念。

(四)《青少年的社群成长之路：亲社会行为及其干预》(张庆鹏著，社会科学文献出版社，2017)

该书系统阐述了青少年亲社会行为的相关知识，主要内容包括青少年的发展现状、亲社会行为的理论和行为机制、不同视角下的青少年亲社会行为以及干预实践等，有助于人们深入了解并积极塑造青少年这一群体的亲社会行为。

六 思考与行动

(1)观察学前儿童，了解他们常见的亲社会行为。

(2)如何利用心理学原理激发助人行为？

(3)请简要阐述影响助人行为的因素。

第十一讲

人际关系

我们在与他人相处的过程中会形成各种各样的人际关系。我们每个人都希望自己拥有良好的人际关系，得到自己所关心和重视的个人或群体的接纳与喜爱。人际关系对于我们的身心健康有着不可替代的作用，且在中国人的社会生活中具有特别的重要性。那么，我们该如何定义这些人际关系？为什么要与他人建立人际关系？又该如何建立良好的人际关系呢？在这一讲中，我们将围绕人际关系展开讨论，帮助学生了解与探索上述问题，进而更好地建立与维持良好的人际关系。

一 基础知识

（一）人际关系的内涵

人际关系是一种与人类起源同步发生的社会现象。人作为社会的一员，其生存和发展都以他人的存在为前提，并由此以各种不同的方式结成不同的关系，形成一定的群体和社会。因此，人际关系被定义为人与人之间在社会生活中通过交往而形成的心理关系。除了人际关系，我们还常常使用社会关系来指代我们在社会中与人交往所形成的关系。事实上，社会关系包括社会中所有的人与人之间的关系，以及人与人之间关系的各个方面，如生产关系、经济关系、文化关系、思想意识关系、阶级关系等。人际关系指人与人之间通过交往与相互作用而形成的直接的心理关系，它包括朋友关系、夫妻关系、亲子关系、同伴关系、师生关系、同事关系等。人际关系是社会关系的一个侧面，受生产关系的决定，并受政治关系的制约，是社会关系中较低层次的关系；同时，它又渗透到社会关系的各个方面，是社会关系的"横断面"，反过来对社会关系产生影响。

（二）人际关系建立的心理学基础

作为社会中人，合群倾向是人际交往的内驱力，也是人际交往的心理基础。马斯洛的需要层次理论指出，归属与爱的需要、尊重需要都是个体进行人际交往的需要。舒尔茨（Schultz）的人际需要理论提出，个体具有与他人建立人际关系的愿望和需要。此外，麦克莱兰（McClelland）提出的成就需要理论认为，人们在最基本的需要得到满足之后，还有三种较高层次的需要，其中亲和需要指与他人建立良好的人际关系，寻求他人的接纳与喜爱的需要。以上的理论观点都表明，人际关系的建立来源于个体对关系的需要，人们会在与他人建立的各种关系中获得归属与爱。

在与社会的联结中，我们会建立各种各样的关系，包括亲属关系、朋友关系、同学关系、师生关系、雇佣关系、战友关系、同事关系及领导与被领导关系等。在与这些不同关系对象交往的过程中，人们借助思想、情感和行为来进行互动和交流。由于关系对象的不同，这些关系也会指向不同的发展方向。良性的关系是吸引与合作的，但由于环境影响、性格因素、心理因素等原因，许多人处理不好人际关系，可能会陷入矛盾与痛苦之中。如果关系中的当事人没有足够的智慧去化解由此带来的内心的冲突，就会陷入人际关系的危机之中，甚至会出现人际交往的心理障碍，从而降低自己的幸福指数。

人是社会性动物，由于血缘、地缘、人情、利益等主客观因素，我们每天都与他人接触，不可避免地会发生各种各样的联结，形成不同的关系，这些关系既反映也影响着人与人之间的互动。从根本上讲，人际关系的形成取决于这种关系能否满足人们生存与发展的需要。人与人之间的亲近或疏远、合作与竞争、友好或敌对都是心理距离远近的表现形式，具有较强的情感色彩，反映了人们的需要是否得到满足时的情感体验。

(三)人际关系的类型

人际关系的类型可分为正式关系和非正式关系。霍尼(Horney)按人们的个性心理特征将人际关系分为三类：逊顺型的特征是朝向他人，表现为逊顺、随和、谦让、顺从他人；进取型的特征是对抗他人，想知道别人力量的大小，或者想了解别人对他有无用处；分离型的特征是疏远他人，只关心别人是否会干扰他或影响他。此外，人际关系的类型还可以分为血缘、地缘和业缘关系，情感性关系、工具性关系与混合性关系，良好关系与不良关系，陌生人、初识、熟人、朋友、知己(至交)等。

(四)积极人际关系的建立

人际关系是个体在社会生活中十分重要的一部分，指人们在社会交往过程中形成的、建立在个人情感基础上的心理关系。那么，积极的人际关系是如何建立起来的呢？

人际关系的开始源于人际吸引。一个简单的人际吸引原则是接近效应(propinquity effect)，指我们看见并与之交往频繁的人往往最可能成为我们的朋友或恋人(Berscheid & Reis, 1998)。这个效应背后的机制是纯粹曝光效应(mere exposure effect)，指我们越多地暴露在某一刺激下，就越可能对其产生好感。当然，如果我们经常接触到的某个人有非常明显的缺点，这个效应大概率是不会出现的(Norton, Frost, & Ariely, 2007)。另外，在很多情况下，人与人之间的相似性也会促进人际吸引(McPherson, Smith-Lovin, & Cook, 2001)。另一项关于人际吸引的有趣研究发现，人们都喜欢被别人喜欢。具体来讲，仅仅知道某个人喜欢自己就足以提升个体被那个人吸引的程度，是否对某个人产生好感的关键因素是个体认为对方喜欢自己的程度（Montoya & Insko，2008）。此外，外表吸引力也是人际吸引的重要决定性因素。与一般的认知不同，各个文化中的人们对美的知觉大体上是相同的（Cunningham et al.，1995）。大多数人认为对称的、五官尺寸趋近平均的面孔是更美的。进化心理学家认为，这是由于具有上述特征的面孔是身体健康和生殖适应的体现，是一种"优良基因"的标志。

在人际交往的过程中，如何开展各项社会交换以及此种交换是否公平也会对人际关系造成影响。因为人与人之间的交往本质上是一种社会交换，不仅涉及物质的交换，还涉及非物质的交换。根据社会交换理论（social exchange theory），人们对人际关系的感受取决于他们对这种关系收益与成本的评价、他们对于应当得到何种关系的知觉以及从其他人那里得到一段更好关系的可能性知觉。同时，人们并非简单地以最小代价换取最大利益，还要考虑人际关系中的公平性。公平理论（equity theory）认为，当交往双方付出的成本和得到的收益大致相等时，人们会从这种关系中得到最大的快乐。因此，人们在建立人际关系时需要保持关系双方付出与收获的平衡，保持互帮互助。

二 课堂交往活动

（一）活动一：真心话

1. 活动主题

真实的自我表露。

2. 活动目的

学生彼此认识，建立团体互动关系，使学生感受到自己和他人、社会的联系，通过相互接触，体验人际交往的乐趣。

3. 活动时间

20 分钟。

4. 参与成员

班级全体成员（如 40 人）。

5. 材料准备

准备不同深度的几组真心话问题，具体如下：（1）你爱吃火锅吗？你喜欢什么口味的锅底？哪里有好吃的火锅店？（2）你最想和谁一起去旅游？想去哪里？

为什么？(3)你给别人送过礼物吗？送的是什么？为什么要送礼物？是怎样送的？(4)你想选择什么样的人做朋友？为什么？(5)你还记得中学教师或小学教师对你说过的一句话吗？为什么你还记得？(6)你有"内卷"的焦虑吗？试举例说明。你如何应对生活中的各种焦虑和压力？

6. 操作程序

(1)分组编号(2分钟)：为了让每位同学尽量与更多的同学进行交流，请同学们按照 1、2、3、4、5、6、7、8 依次报数，以此分成 8 个大组，并给组内的每位同学编号。

(2)问题接龙(18分钟)：每组同学依次上台，排成一列，第一位同学开始抽取真心话问题，并向他的下一位同学提问，被提问的同学根据自己的真实感受进行回答。回答完毕后，提问题的同学回到队尾，被提问的同学再次抽取问题，依次进行，直至问题被抽取完毕。

(二)活动二：展示我，赞美你，介绍他

1. 活动主题

展示自己，赞美他人。

2. 活动目的

学生彼此认识，建立团体互动关系，使学生真实地展示自己、赞美他人，通过互相介绍增进了解。

3. 活动时间

24分钟。

4. 参与成员

班级全体成员(如 40 人)。

5. 操作程序

(1)选出"我"(1分钟)：根据上一个活动的分组，组内选择一位同学作为开头，这位同学作为"我"。

(2)选择"你"(1分钟)："我"选择一位其他组的成员作为"你"。

(3)介绍"我"(2分钟)："我"向"你"介绍和展示自己的特长。

(4)赞美"你"(2分钟)："我"赞美"你"。

(5)介绍"他"(2分钟)："我"再向"你"介绍另一位同学"他"。

(6)介绍完后，"他"转变成"我"，重复上述过程，共进行 3 个轮次。

三 教师分享

(一)积极展示,主动赞美

在课堂活动一中,同学们根据真实感受回答了一系列的问题,通过这一活动来审视自我,进行自我展示。同时,在听他人回答的过程中,进一步了解了同学们的兴趣爱好、性格特点以及价值观。同学们在这个活动中能感受到真诚与他人交流带来的积极效应,在增进彼此了解的同时,也促进了彼此关系的发展。这一活动鼓励同学们大胆展示自己,真诚地与他人交往。从活动二的交往活动中,我们可以学习到,在与他人建立关系时要主动展示自我,从而增进彼此的了解;主动赞美他人能够促使他人进步,有助于关系的良好发展。能够真诚赞美他人的人往往有着宽广的胸襟与善良美好的心灵。此外,若想增进与他人的关系,我们还可以将他们介绍给自己的其他好友,让他人融入自己的朋友圈,进而加强朋友之间的联系。

(二)巧用首因效应

首因效应又被称为第一印象效应,指最初接触到的信息所形成的印象对我们以后的行为活动和评价产生的影响,实际上就是第一印象的影响。初次印象包括谈吐、相貌、服饰、举止、神态等方面,这些对于感知者来说都是全新的信息,对感官的刺激较为强烈,会让感知者产生新鲜感,就如同在一张白纸上抹上的第一笔色彩总是十分清晰、深刻的。首因效应是一个广为人知的道理,管理者总是很注意上任之初的"三把火",在交友、招聘、求职等社交活动中,每个人都力图给别人留下良好的第一印象。首因效应是一种直观的感觉,所形成的第一印象有时可能不太可靠。例如,某些人往往在第一次见面时,将对对方是否有好感作为是否进一步交往下去的标准,印象好的就继续交往,印象不好的就不再交往,这会导致人们陷入人际交往的误区。然而,首因效应是一种客观存在的心理现象,是不可回避的,它决定人际交往是否延续,并影响今后的交往质量和结果。所以,我们必须重视人际交往中的首因效应,力求在人际交往中给人留下良好的第一印象,展示出积极的形象,为以后的交往打下良好的基础。

(三)真诚交流,促进良好的人际关系

建立良好的人际关系,首先需要了解他人的兴趣爱好、性格或价值观等是否与自己比较契合,对交往对象有所选择和取舍;其次,一旦开始建立人际关

系，我们就需要保持真诚的态度，真实地表现自己，并以积极的态度接纳他人的差异和缺点；再次，在增进人际关系时，我们要善于发现他人的优点，多看人的长处，适当赞美他人，主动交往，共同进步；最后，要学会理性地处理人际关系中的各种问题，学会倾听与沟通，以积极向上的态度维持和谐的人际关系。

四　学生感悟

(一)学生甲：交流的魅力

我本身是一个比较沉默寡言的人，这堂课对我来说是一次建立人际关系的好机会。虽然目前我对班里的同学还不足够了解，也没有关系特别好的朋友，但是这堂课的交流互动为我在课堂内外和同学的进一步交往奠定了良好的基础。我从这堂课中了解到，人与人之间需要多交流，这是人际交往的第一步。只有通过交流，我们才能认识对方、了解对方。从彼此的交流与互动中，我们可以了解彼此的兴趣爱好、过往经历和性格特点，从而有选择性地与他们发展出更亲密的关系。在未来的学习过程中，当我们遇到双方都感兴趣的问题时，可以彼此交流，相互促进，共同成长。在平时的学习中，我们要做一个有心人，注意观察和了解他人的喜好，互相体谅，避免矛盾，这样才能使关系正常发展。

(二)学生乙：做最真实的自己

我觉得在进行真心话活动时，所问和所答的问题相对比较私密，回答者的自我表露程度较高。在这个活动中，我深入思考了一些过去未曾想过的问题，这让我更深刻地了解自己。此外，这个活动让我们能够展示真实的自己，无须顾虑，不用去考虑回答的对错，只需遵从自己内心的声音。这让我明白，想要和他人建立良好的人际关系，需要展现出自己最真实与真诚的一面。因为价值观契合而成为朋友，不用伪装与顾虑。这才是良好融洽的人际关系。

(三)学生丙：学会赞美与互助

从课堂交往活动二"展示我，赞美你，介绍他"中，我了解到了赞美他人的重要作用。在与他人交往的过程中，我们要不断发现对方的优点，不吝啬美好的语言，善待他人，这样才能有效促进良好关系的发展，发现更多的美好。因此在与他人交往时，首先，我们要学会微笑，微笑能让人心情愉悦，感受到世界的美好。其次，我们要学会赞美，要善于发现别人的优点，适时真诚地赞美，而不是虚夸。这样的良性互动既能增加彼此的感情联结，建立良好关系，也能激励同伴。最后，当他人遇到问题时，我们要及时伸出援手，相互帮助，团结友爱，这才是关系存在的意义，也是自我成长的重要一环。

五 拓展学习

(一)《人际关系心理学(第3版)》(彭贤、马千珉编著，清华大学出版社，2019)

该书立足大学生人际关系现状，编写了"基础篇—应用篇—专题篇—实践篇—活动篇"五部分内容，帮助大学生更好地理解人际关系本质，提升人际关系技能。基础篇介绍人际关系的形成、发展、心态类型等基础知识；应用篇将人际交往的原则等运用到实际生活；专题篇针对将要步入社会的大学生，聚焦两性关系、营销关系等；实践篇剖析人际关系案例并提供拓展知识与行动建议；活动篇创设了人际关系训练的实践情境，帮助大学生在感受与思考中提升人际关系能力。

(二)《面子：中国人的权力游戏》(黄光国等著，中国人民大学出版社，2004)

该书以"人情""面子""关系"为核心构建了分析中国人际互动的理论框架，将人际关系分为"情感性"(如家人)、"工具性"(如陌生人)、"混合性"(如朋友、同事)三类，阐述在不同情境下中国人如何平衡"人情往来"与"利益交换"，有助于大学生深入理解步入社会后可能遇到的复杂人际关系，学会在坚持原则的同时灵活应对。

(三)《人际关系与沟通(视频指导版)》(龚荒主编，人民邮电出版社，2022)

该书系统地阐述了校园、社交、求职、职场等不同情境下人际关系与沟通的基本原理、方法策略和技巧，在人际关系案例中培养实际应用能力。内容包括"理论阐释 + 案例实训 + 视频指导"，突出了理论够用、重在实践的特色。该书还提供了短视频案例和相应的二维码，是大学生提升人际关系与沟通能力的参考书之一。

六 思考与行动

(1)思考一下，良好人际关系的建立和发展要经历哪几个阶段？

(2)结合自己和身边人的实际情况，思考影响人际关系的重要因素。

(3)如何有效地运用心理学知识建立积极的人际关系？

第十二讲

人际交往

　　"人"字的结构是一撇一捺，每个人都在关系中生存，在"你与我"的来往之中既审视自我，也关照他人。这是一种极为微妙的方寸之境，前进或是后退，弯腰或是抬头，都会影响到双人舞的舞步。人最怕孤独，也最容易感到孤独。人对孤独有一种本能的恐惧，人际交往是最基本且最有效的消除孤独的手段之一。社会心理学研究表明，孤独是在人与人的交往体验中产生的，也就是说，孤独实际上是人们在日常生活的人际关系中体验到的感受。当一个人感到孤独时，表明他正处于想与别人接触和交往的状态。与他人交往可以满足个体的心理需要，消除孤独感。除此之外，人际交往还可以传递信息，增加个人的知识、经验；通过互动提高群体凝聚力；及时地沟通思想，消除误会，解决矛盾，协调群体成员之间的情感和行动。如果缺乏人际交往，人的本能行为也会受到严重影响。所以，我们要重视人际交往，并学会遵守人际交往的原则。

一　基础知识

（一）人际交往的概念

　　人际交往指人与人沟通、交流和相互作用的动态过程。社会学将人际关系定义为人们在生产或生活中建立的一种社会关系。心理学将人际关系定义为人与人在交往中建立的直接的心理上的联系。它包括人与人之间的信息传递、物质交换过程，以及信息传递与物质交换的相互作用过程中形成的稳定关系。因此，人际交往由信息传递、物质交换和稳定关系组成。人际交往通常发生在成对的个体之间，也可以扩展到小型亲密团体（如家庭）或社会群体当中。人际交往既可以在面对面的环境中进行，也可以通过社交媒体等网络平台进行。

　　人际交往是人类社会化的基本过程。个体出生后，形成了最初的亲子关系，随后依次形成同伴关系、师生关系。随着年龄的增加，个体的交往对象不断变化，与不同的交往对象建立起各种关系，如同事关系、夫妻关系等。这种人与人之间的相互作用构成了极其复杂的人际关系网。

（二）人际交往的类型

1. 单向交往和双向交往

　　根据信息传递是否存在反馈，人际交往可分为单向交往和双向交往。单向交往指接收者只接收信息而不作任何反馈的过程，例如，人们观看电视、收听广播、听演讲等。与单向交往相反，双向交往需要交往双方的共同参与，个体既要倾听对方的谈话，又要对其作出相应回答，如购物时的讨价还价、日常聊天、商务谈判等。单向交往速度快，但容易丢失信息；双向交往速度慢，但准确性更高。

2. 上行交往、下行交往和平行交往

根据与交往对象的关系，人际关系可分为上行交往、下行交往和平行交往。例如，在组织中，上行交往指组织中的下级向上级汇报和反映情况的交往，如报告工作进展、提出调任申请等；平行交往是指组织中地位平等的人之间的交流，这种交流重在增进彼此间的情感，如同学联谊、同事聚餐等；下行交往是指组织中地位较高的上级向下级主动传达工作目标、工作计划等沟通方式。

3. 正式交往和非正式交往

根据人际交往渠道有无组织系统，人际交往可分为正式交往和非正式交往。正式交往指在某种组织系统中按照一定的规定进行的信息传递和交流。正式交往在组织的规则监督下，信息较为准确、翔实。非正式交往更加灵活方便，以个人信息为主要传递方式。非正式交往可以提供正式交往过程中难以得到的信息，但可靠性相对较低，信息在传递过程中容易被误解。

4. 口头交往和书面交往

根据信息传递方式的不同，人际关系可分为口头交往和书面交往。口头交往指以语言为媒介，借助口头语言沟通的交往方式。书面交往指以文字为媒介，借助书面语言进行的沟通的方式。口头交往简便、高效、灵活；书面交往的信息保存时间相对较长，具有可供研究的特点，但缺乏灵活性和变通性。

5. 传统交往和现代交往

根据交往的时代特征，人际交往可分为传统交往和现代交往。传统交往包括代际交往、同龄人交往和异性交往等；现代交往包括自我交往、网络交往等较为新颖的交往模式。

（三）人际交往的阶段与原则

1. 人际交往的阶段

一般而言，人际交往普遍会经历四个阶段，即交往关系的定向、探索、交流和稳定。第一，定向阶段。此阶段包括对交往对象的关注、筛选和初步沟通等心理活动。在这个阶段，交往双方处于相互考察的状态，关系比较容易破裂。人们常常会根据第一印象来评判交往的可能性。定向阶段是交往的初始阶段。第二，探索阶段。交往双方开始对彼此进行深入探索，寻找相互吸引的特质，建立感情联系。随着交往时间的增加，情感成分也不断增加。一旦双方在探索阶段相互吸引，就会建立起更深入的人际关系。第三，交流阶段。交往双方开始对彼此更加信任，相互依赖程度加深。沟通程度进一步深入，并融入了更深层次的情感。在此阶段，真诚的赞许或批评等评价性反馈会带给对方信心和鼓励。第四，稳定阶段。这是友谊得以巩固和发展的阶段。彼此之间会出现明显的喜欢成分，心理相容性增强，甚至允许对方进入私人空间。两人的关系不会因误会等问题而轻易受到破坏。

2. 人际交往的基本原则

首先，人际交往要遵循尊重与真诚原则。其中，尊重包括两个方面：自尊和尊重他人。自尊就是在各种场合都要尊重自己，维护自己的尊严，不要自暴自弃；尊重他人就是要尊重别人的生活习惯、兴趣爱好、人格和价值。只有以诚待人，才能使人们产生更多感情的共鸣，收获真正的友谊。其次，人际交往要遵循理解与宽容的原则。理解是人际交往成功的必要前提。理解就是我们能真正地了解对方的处境、心情、好恶和需要等，并能设身处地地关心对方。正所谓"千金易得，知己难求"，人海茫茫，知音可贵，善解人意的人永远受人欢迎。在人际交往中，难免会产生一些不愉快的事情，甚至发生矛盾和冲突。这时候，我们要学会宽容别人，不斤斤计较，正所谓退一步海阔天空。再次，人际交往要遵循平等与信任的原则。与人交往应做到一视同仁，不要嫌贫爱富，不能因为家庭背景、地位等方面的原因就对别人另眼相看。平等待人就是要学会将心比心，学会换位思考，只有平等待人，才能得到别人的平等对待。"人无信不立""言而无信非君子"，要想取信于人，需要做到以下几点。第一，要守信，言行一致，说到做到。第二，要信任，不仅要信任别人，而且要争取赢得别人的信任。第三，不轻易许诺。第四，要诚实，答应别人的事要尽量做到，做不到的事情要讲清楚，以赢得对方的理解。第五，要自信，给别人以信赖感和安全感。最后，人际交往要遵循互利合作的原则。互利指双方在满足对方需要的同时，又能得到对方的报答。人际交往永远是双向选择、双向互动的过程，只有你来我往的交往才能长久。在交往的过程中，双方应互相关心、互相爱护，既要考虑双方的共同利益，又要深化彼此的感情。

(四)影响人际交往的心理效应

在人际交往中，人们会收集对方的信息，在进行选择之后，将信息整合在一起，并对目标对象进行判断和推测，这就形成了人际印象。那么，如何在人际交往过程中给对方留下良好的印象呢？人际交往能否顺利进行会受到以下心理效应的影响。在此，我们列举了日常生活中存在的一些常见效应，如投射效应、曝光效应和社会背景效应。

1. 投射效应

投射效应指在人际交往过程中，个体对他人形成印象时，把自己的感情、意志、特性投射到他人身上，并强加于人的一种现象。个体会认为他人也具备与自己相似的特性，即在人际认知过程中，人们常常假设他人与自己具有相同的特性、爱好或倾向等，并且常常认为别人理所当然地知道自己心中的想法。

2. 曝光效应

曝光效应又被称为多看效应、暴露效应、接触效应等，指人们会偏好自己熟悉的事物。某事物出现的次数越多，人们对其产生的好感度也就越高，社会心理学将这种效应叫作熟悉定律。

3. 社会背景效应

社会背景效应是指我们在评价一个人的时候，常常会自然而然地结合这个人的社会背景（所在的单位、亲属与朋友的情况、经济状况等）进行评价。例如，许多圣像和佛像的背景都画有光环，主要目的是给人一种神秘感和庄严感，这也可以称为"后光力量"或"背景力量"。

二　课堂交往活动

（一）活动一：有效沟通

1. 活动主题

有效沟通，靠近彼此。

2. 活动目的

增加学生间的互动，加深学生之间的了解，进一步建立牢固的互动关系；掌握人际交往的方法及人际关系经营的技巧，并能在生活中灵活运用；彼此信任，建立良好的人际关系。

3. 活动时间

30 分钟。

4. 参与成员

班级全体成员（如 40 人）。

5. 材料准备

白纸若干。

6. 操作程序

（1）传下去（25 分钟）：教师随机抽取两组学生，这两组学生同时进行游戏。教师在准备好的两张纸上分别写两句话，每组的第一位学生打开纸条并记下内容，然后由第一位学生说给第二位学生听，第二位学生记下后再依次传下去，直至传到最后一位学生。要求学生在传递的过程中不提问，使用非言语的方式表达，每个传话的学生只能说一遍。

(2)说出来(5分钟)：最后一位学生大声说出听到的内容。

(二)活动二：体会交往

1. 活动主题

知效应，懂交往。

2. 活动目的

增加学生间的互动，加深彼此的了解，进一步建立牢固的互动关系。同时，通过协作共同学习人际交往中常见的心理效应，学会自我管理，掌握人际交往的小技巧。

3. 活动时间

30分钟。

4. 参与成员

班级全体成员(如40人，共分为8个小组)。

5. 材料准备

白纸若干。

6. 操作程序

(1)查资料并讨论(15分钟)：以小组为单位，组内成员基于自己的理解和查找的资料，讨论各种对人际交往可能产生作用的心理效应，包括各种心理效应的含义(可举例解释)、对人际交往的具体影响，以及利弊之处等。

(2)抽签展示(15分钟)：抽签内容包括投射效应、名片效应、曝光效应、刺猬效应、改宗效应、社会背景效应和增减效应等。各小组抽签决定所要讨论的心理效应。

三 教师分享

(一)认识人际交往的本质

人际交往表现为人与人之间的心理距离，反映着人们寻求满足需要的心理状态。从动态角度来看，人际交往指人与人之间一切直接或间接的相互作用，但这种作用通常不超过信息沟通与物质交换的范围；从静态角度来看，人际交往指人与人之间通过动态的相互作用形成的情感联系。成功学家卡耐基认为："一个人的成功，有15％是由于他的专业技术，而85％则是靠人际关系和他为人处世的能力。"人际交往是人际关系的前提和基础，是人们健康成长的基本条件。人际交往是一个动态的过程，而人际关系具有相对稳定性。人际交往中存在"镜中我"（looking-glass self）的现象，它指一个人的自我观念是在与他人的交往中形成的，一个人对自己的认识是他人关于自己看法的反映。人们总是在思考别人对自己的评价中逐渐形成自我观念。当一个人对自我有了某种明确的想象时，即他在心中涌现出某种想法时，这种自我感觉是由别人对自己的态度决定的。这种类型的社会我可以称作"反射的自我"或"镜中我"。

（二）巧妙合理地运用人际交往技巧

需要注意的是，人际交往最重要的功能就是传递信息，交往过程中会产生很多信息。此外，人际交往还可以锻炼自身素质。这里有两点需要提醒：第一，我们需要在人际交往中努力给对方留下积极的印象。通过积极参与生活，让他人有机会了解我们，并通过行为来证明自己的价值与存在。第二，在人际交往的过程中，我们应该学会宽容待人，对人对事要着眼大局，忽略小节。即使曾有人误解过我们，也应当保持宽容之心，不必耿耿于怀。影响人际交往的消极心态包括嫉妒、猜疑、害羞、自卑等。以下六个方面对人际交往有积极的促进作用：①善用称呼。我们在人际交往中应避免使用"哎""哦"等随意用语；在正式场合应使用对方的职务来称呼；在私人场合，对他人的称呼要保持礼貌。②学会倾听。要能够听出对方的内心想法，多听少说，并适时地给予恰当的反馈。③赞美他人。真诚地赞美他人能够增进彼此之间的好感。④典型记忆。记住对方的特征信息，尤其是那些重要且精练的信息。⑤帮助他人。主动帮助他人会让对方更容易记住你。⑥利用媒介传递情谊。如赠送小礼物、小贺卡等可以拉近彼此的距离。

（三）正确看待人际交往，发现美好

生活中，我们会与形形色色的人进行人际交往。有些交往是我们主动寻求的，有些交往则是我们无法选择但必须面对的，还有些交往是出于被动而发生的。例如，因血缘关系带来的人际交往是我们无法自主选择的，对此我们应心怀感激并倍加珍惜；我们还需要与"社会中人"进行交往，从陌生到熟悉，再到成为好朋友；在身心逐渐成熟阶段，我们也有可能对异性产生好感，进行异性交往，这也是我们主动寻求交往的一部分。很多理论都会讨论人们为何需要与他人共处。因为与他人进行人际交往的过程中，我们可以收获成长、喜悦和成功。当然，人际交往中也会有挫折、失败、痛苦的经历，这都是很正常的。毕

竟，世界上没有完全相同的两个人，每个人都有自己的独特之处。这样的差异正是我们个人价值的体现，我们可能会强调自己与他人的不同，这可能会导致误会和分歧，但正是这些误会和分歧，让我们的人际交往变得更加丰富多彩。

四 学生感悟

(一)学生甲：真实感受人际交往的魅力

在这一讲中，让我感受最深刻的是两个活动。第一个活动是"有效沟通"，这个活动让我感受到能与别人有效沟通是一件非常愉快的事情。在活动的过程中，我积极参与，将自己理解的信息以非言语的方式传递下去。第二个活动是讨论一些心理学中存在的效应，其实之前我听说过类似的效应，但没有深入理解。小组内的讨论和倾听其他组的发言，让我对人际交往中的心理学效应有了更深入的理解，并且希望在日常生活中学以致用。例如，刺猬效应。在与他人交往的过程中，我们要多注意距离和分寸，俗话说"距离产生美"，把握好合适的分寸能够帮助我们更好地与他人交往。总的来说，在这堂课中我学习到了很多知识，这些知识对今后的人际交往有非常大的帮助。

(二)学生乙：人际交往需要主动性

上完这堂课，我深刻体会到人际交往中主动性的重要性，我们不能一味地等待别人来与自己交往，而是要主动地去和别人交流，这样才能建立起良好的人际关系。在这堂课的活动中，我写下了对组内一个成员的赞美之词，课后我也向他表达了很高兴认识他的心情。同样，他也表示很高兴能和我选同一堂课，并且成为同一个小组的成员。从这一个小小的细节中，我体会到了主动性的价值。生活中存在多种人际交往的类型，如家庭、朋友、师生等。每一种类型的人都有不同的交往方式，我们要珍惜与他人交往的机会，主动建立和维护这些关系，进而建立稳定的人际网络。

(三)学生丙：人际交往是一种能力

这堂课的主题是人际交往，我当时选这门课就是为了提升自己的人际交往能力，因此我特别期待这堂课。令我欣喜的是，这堂课的内容确实给了我很大的帮助，不仅在课堂上让我有机会进行人际交往的实践，还在课外给了我很多有益的指导。一直以来，我就算遇到再困难的问题，总是习惯一个人解决，不愿意去求助别人。虽然我从未感到过孤单，也从未感受到安全感的缺失，但随着时间的推移，我逐渐感觉到了心中某些部分的缺失，也逐渐意识到了人际交往能力在自我发展的过程中扮演着重要的角色。从这堂课中，我感受到了人际交往的魅力——原来拥有好的人际关系是如此美妙的事情。同时，我也学会了一些人际交往的技巧。因此，我给自己定下了一个目标，在今后的生活中，我要更加注重人际交往，运用学到的知识和技巧来提升我的人际交往能力，也希望我能因此开辟出一片新的天地。

五　拓展学习

(一)《人际交往心理学》(黄青翔著，中国华侨出版社，2021)

该书以日常生活中的实际案例和经典故事为切入点，从心理学的角度梳理了人际交往中理解他人的基本方法、性别差异在人际交往中的体现、偏见对人际交往的影响、与人成功交往的八大心理学定律等实用知识，帮助人们更好地理解人际交往的意义，并掌握人际交往的相关技能。

(二)《大学生人际交往心理素质训练手册》(张翼主编，科学出版社，2019)

该书根据当代大学生人际交往的心理发展特征，通过生动的案例，从人际交往与心理健康、认知、情商、恋爱、人格、就业、学习和压力应对等方面，帮助大学生提升人际交往心理素质。

(三)《新时代大学生人际交往指南》(倪佳琪编著，科学出版社，2021)

该书紧扣新时代大学生人际交往的特点，以人际交往为核心，立足于现实，以问题为导向，分别从同学关系、室友关系、亲密关系、师生关系、亲子关系、网络社交、伙伴关系七个方面展开介绍。该书通过阐述人际交往的圈层结构、开展专业科普、剖析现实情况并讲解案例，为有效地解决新形势下大学生的人际交往问题提供了方案。

六　思考与行动

(1)在网络时代，人们的交往圈往往局限于自己熟悉的圈子，很少有人愿意主动拓展自己的社交网络，甚至尽量避免与不认识的人交往。针对这种交往意愿下降的问题，你有什么好的建议吗？

(2)如何看待人际交往中的"自来熟"现象？

第十三讲

人际沟通

沟通是人与人之间相互联系的最主要形式，是我们社会生活的重要组成部分。在日常生活中，我们与别人交谈、读书、看报、上课、听广播、看电视等行为，本质上都是在进行沟通。沟通会直接影响人们的身心发展、人际关系和谐和工作效率。在感觉剥夺实验中，被试被置于一个没有光线和声音的实验室里，身体的各个部位也被包裹起来，尽可能减少触觉经验。仅仅三天时间，人的整个身心就会出现严重问题。由此可见，沟通对人的身心健康至关重要。在这一讲中，我们将围绕人际沟通展开讨论，帮助学生体验沟通的重要性，提升学生的人际沟通能力。

一 基础知识

(一)人际沟通的概念

从广义角度定义，人际沟通指人与人之间的信息交流过程；从狭义角度定义，人际沟通是人与人之间借助一定的符号系统相互交流信息的过程。在这个过程中，信息发送者借助特定的符号载体，在个体或群体间向接收者传递信息，并期望信息能被接收者理解。沟通的目的通常有三种，一是为他人提供信息；二是影响别人，使别人改变态度；三是与人建立某种联系或纯粹为了娱乐。

人际沟通是人与人之间传递信息、传播思想、传达情感的过程，是主体将某种信息传递给客体，并期望客体能作出相应反馈的过程。通过沟通，人们可以分享彼此的知识、情感和价值观，消除误会，增进了解，达成共同认识或共同协议。

此外，人际沟通是人与人建立和维持联系的方式之一。作为社会中人，个体需要与同事、朋友、组织等进行交往和联系。而沟通就是人与人之间、人与组织之间、组织与组织之间传播信息和思想，完成特定目标，实现共同发展的桥梁。

人际沟通也是自我概念形成的途径。人们自我概念的形成离不开在社会中与他人交往过程中获得的他人的评价和反馈。正面的评价有利于积极自我概念的形成，而负面的评价可能导致消极的自我概念。

(二)人际沟通的特点和分类

人际沟通具有以下特点：①沟通的双方都是积极的主体；②沟通双方要有对符号系统及交往情境的共同理解；③沟通中可能存在社会性障碍和心理障碍；④信息在沟通过程中可能发生改变。

人际沟通是一种动态系统，在这个系统中，沟通的双方持续进行互动，即相互产生影响。刺激与反应互为因果，例如，乙的言语不仅是对甲的言语反应，而且构成了对甲的新刺激。我们把人际沟通定义为一种能够产生意义的互动过程。这种互动源于两位参与者之间原始信息的交换和对这些信息的反应。一个良性的双向互动沟通模式通常涉及说、听和问三种行为。有效的互动沟通技巧正是由这三种行为共同构成的。换句话说，当考察一个人是否具备互动沟通技巧时，关键在于观察他是否展示了这三种行为，以及这三种行为各自出现的频率。

按照不同的分类标准，人际沟通可以分为不同的类别。按照信息的类型，人际沟通可以分为言语沟通与非言语沟通。按照语言传递的方式，人际沟通可以分为口头沟通与书面沟通。按照沟通的场景，人际沟通可以分为正式沟通与非正式沟通。按照沟通的反馈情况，人际沟通可以分为单向沟通与双向沟通。按照信息发送者和接收者的关系，人际沟通可以分为上行沟通、下行沟通与平行沟通。

（三）人际沟通的结构

人际沟通由七个元素组成，包括信息发送者、信息接收者、信息内容、沟通渠道、信息反馈、可能存在的沟通障碍，以及发生背景。每一个元素都有可能对人际沟通产生影响，造成多元化的结果。

信息发送者是具有信息并试图进行沟通的人，是沟通过程的发起者。他们决定以谁为沟通对象，并明确沟通的目的。作为信息源的沟通者，在实施沟通前，必须首先在自己丰富的记忆里，选择出试图沟通的信息。此外，这些信息还必须转化为信息接收者可以接受的形式，如文字、口头语言或表情等。

信息接收者指信息的接收人。信息接收者在接收携带信息的各种特定的音形符号之后，必须根据自己的已有经验，将其转译成信息源试图传达的知觉、观念或情感。由于信息发送者和信息接收者有着不同，但又具有共同经验的心理世界，因此，信息接收者转译后的沟通内容与信息发送者原有内容之间的对应性是有限的。

信息内容是沟通者试图传达给别人的观念和情感。因为个人的感受不能直接被信息接收者接受，所以它们必须转化为各种不同的可被别人觉察的信号。在各种符号系统中，语词最重要。语词既可以是声音信号，也可以是形象（文字）符号，它们是可被觉察、可实现沟通的符号系统。语词具有抽象指代功能，可以代表事物、人、观念和情感等自然存在的一切。因此，它们为沟通的广度和深度提供了最大的可能性。

沟通渠道是沟通信息所传达的方式。常见的沟通方式不仅有面对面的沟通，还有以不同媒体为中介的沟通，如电视、广播、报纸、电话等。然而，心理学的研究发现，在各种方式的沟通中，面对面的沟通是影响力最大的一种方式。

信息反馈是指信息接收者对信息沟通过程是否准确的反应。成功的沟通者对反馈都十分敏感，并会根据反馈不断调整自己的信息发送。模糊反馈指的是接收者对来自信息源的信息表现出的不确定反应状态，往往意味着来自信息源的信息尚不充分。

在沟通过程中任何一个环节都可能会出现问题，即出现沟通障碍。例如，信息源的信息不充分或不明确，信息没有被有效或正确地转换成可以沟通的信号，误用的沟通方式，信息接收者误解信息等都可能对沟通造成障碍。沟通障碍主要可分为传递方、传递过程和接收方三个方面。其中，传递方的主要障碍有：用词不当，词不达意；咬文嚼字，过于啰唆；不善言辞，表达不清；只关注自己的表达，不考虑对方感受；态度不正确；对接收方的反应不灵敏等。传递过程中的主要障碍有：经过他人的传递而产生误会，环境选择不当，沟通时机不当，有人故意破坏和挑衅等。接收方的主要障碍有：先入为主，听不清楚，选择性地倾听，存在偏见(刻板印象)，受光环效应(晕轮效应)影响，情绪不佳，没有注意言外之意等。

沟通过程的最后一个要素是发生背景，发生背景指沟通发生的情境。它影响沟通的每一个因素，在沟通过程中，许多意义是由背景提供的，语词的意义会随背景而改变。

(四)如何进行有效沟通

人际沟通如此重要，那么我们应该如何进行有效沟通呢？以下是一些建议。①学会倾听。倾听是沟通中非常重要的一环。人们往往以自我为中心，更关注个人的经历和感受，在沟通时倾向于谈论与自己相关的经历和情感，这使倾听变得不那么容易。②保持真诚态度。心理学家安德森曾进行了一项研究，他将555个描绘个性品质的形容词列成表格，让大学生评价他们喜欢具有这些特点的人的程度。结果表明，被试评价最高的品质是真诚和诚实，而评价最低的品质是虚伪和说谎。③学会赞美。赞美在人际沟通中发挥着重要作用，但人们往往低估了赞美的力量，因此，在沟通中多一些真诚的赞美与肯定是促进关系和谐的"润滑剂"。④学会争辩。在争辩时，我们应避免无谓的争执。在争辩过程中避免人身攻击，保持客观理智，以解决问题为导向进行交流。⑤识别身体语言。沟通中不仅有言语的交流，也有非言语信息的传递。为了实现高效和谐的人际沟通，我们必须观察对方的肢体语言和表情透露出的非言语信息，并根据这些信息调整自己的沟通方式。⑥培养同理心。人际关系中有一个"黄金定律"——你希望别人如何对待你，你就应该如何对待别人。在沟通的过程中，我们要时刻保持同理心，尝试理解并体会对方的心情。

二　课堂交往活动

(一)活动一：心有灵犀

1. 活动主题

非言语沟通。

2. 活动目的

促进成员间的互动，提升成员间的默契，增强非言语沟通能力。

3. 活动时间

20 分钟。

4. 参与成员

班级全体成员(如 40 人)。

5. 材料准备

结合当前热点话题，制作一系列适合表演的句子，用于抽签。

6. 操作程序

(1)抽签(1 分钟)：将班级成员分为 5～6 人一组，每个小组通过抽签确定需要表演的句子。

(2)交流(6 分钟)：小组成员共同商讨如何更好地利用肢体语言展示抽中的句子。为了保证活动的顺利进行，建议选取传播广泛、易于理解的网络流行语作为表演内容(讨论时尽量避免让其他小组知道本组的句子内容)。

(3)表演(6 分钟)：各小组依次上台表演，其他小组成员根据表演内容进行竞答。

(4)投票(1 分钟)：投票选出表演最生动的小组作为获胜方。

(5)交流讨论(4 分钟)：小组成员和教师一起交流本次活动中关于非言语沟通的体会和发现。

(6)教师总结(2 分钟)：教师对本次活动进行总结，强调非言语沟通在人际交往中的重要性。

(二)活动二：沙漠求生

1. 活动主题

无领导小组讨论。

2. 活动目的

提供交流的平台，让学生通过充分交流想法、密切沟通，深刻体会合作交流的重要性。

3. 活动时间

20分钟。

4. 参与成员

班级全体成员（如40人）。

5. 材料准备

根据参与人数，提前打印好指导语，确保每人一份。

6. 操作程序

(1)陈述指导语(2分钟)：请想象这样一个场景，在八月的某一天，你和组员们乘坐的飞机迫降在某沙漠中，你们幸运地从机舱中逃了出来，且均未受伤。然而，沙漠中荒无人烟，最近的村落距离飞机降落点大约八十千米。当天温度高达40℃，你们仅穿着短衣和短裤。此时，飞机即将燃烧，你们需要从以下物品中选择五样，作为前往附近村落的补给或工具。

可供选择的物品包括手电筒、地图、每人一升水、指南针、降落伞（颜色醒目）、每人一副太阳镜、书籍《沙漠里能吃的食物》、塑料雨衣、每人一件外套、一升白酒、急救箱、匕首、适量的食盐、镜子。

(2)个体作答(2分钟)：每位成员将自己的选择写在纸上，不与他人交流。

(3)小组交流(4分钟)：以小组为单位，成员们讨论各自选择的物品，并对所选物品的重要程度进行排序，最终小组成员达成一致意见。

(4)两两组合讨论(4分钟)：将小组进行两两组合（如第1组与第2组、第3组与第4组等），再次就物品的选择问题进行讨论，力求得出更加全面、合理的结论。

(5)代表发言(5分钟)：每个小组派出一名代表，分享小组讨论的成果和感悟体会。

(6)教师总结(3分钟)：教师对整个活动进行总结，强调合作交流的重要性，并鼓励同学们在今后的学习和生活中多加运用。

三　教师分享

(一)在活动中锻炼人际沟通的能力

课堂活动一"心有灵犀"侧重于信息的传递过程，锻炼了同学们的肢体表达能力和对模糊信息的理解能力。对于表演者来说，他们需要从更加抽象的句子中提炼出关键特征，并将其以具体化、形象化的方式表达出来，这一过程充分展现了同学们的信息提取与表达能力。对于猜测者来说，他们需要识别、理解并准确猜测表演者的身体语言，这反映了他们的理解能力。课堂活动二"沙漠求生"则侧重于团队达成共识的结果，涉及团队沟通中的说服与妥协。在面临选择五样生存必需品的决策时，每个人的选择可能各不相同，为了在团队讨论中达成共识，人们会运用说服、协调、妥协等策略。通过观察每个人在这个活动中扮演的角色，我们还可以进一步判断其个性特点。

(二)学习人际沟通的策略

在沟通的四大媒介(听、说、读、写)中，花费时间最多的是听。在日常工作中，相比于读和写，我们的大部分时间用于言语沟通和倾听。以下是培养倾听能力的六个秘诀：①培养主动倾听的心态；②练习倾听技巧；③营造一个有利于倾听的环境或氛围；④多留意自己的肢体语言以展现专注；⑤避免仓促判断；⑥带着同理心去倾听对方的想法。除了善于倾听，我们还要学会有效表达。在说话时，我们可以遵循以下建议：①先理解对方的观点，再突出重点地表达自己的看法；②坦诚地表达自己的真实感受；③条理化地组织语言，准确描述实际情况；④说话留有余地，为再次沟通创造可能；⑤用对方听得懂的语言表达；⑥直接表达观点，对事不对人；⑦强调当前情境，让对方理解自己的意思，并不断深入和确认；⑧避免使用绝对化词汇，多使用事实陈述来支持观点；⑨多提建议，少提个人主张，避免使用强制性词语；⑩语言转换要自然流畅，避免生硬的转折。

(三)沟通障碍无法完全克服——人人都是不同的

"无缝沟通"是一种理想的状态，它消除了代沟和隔阂。然而，人与人之间进行无缝沟通是一件非常困难的事情。因为每个人的成长背景、个性特点、知识结构都是不同的。在尝试克服这些沟通障碍时，我们首先需要具备的是共情能力，即学会理解和站在他人的角度去看待问题。共情能力的培养离不开丰富的生活阅历与经验。因此，为了提升我们的沟通能力，我们可以多借助书籍阅读他人的人生经历，或者多去体验生活，以看到更丰富且真实的世界。

四　学生感悟

(一)学生甲：实现有限资源的最大化利用

这堂课的"心有灵犀"活动给我留下了深刻的印象。大家的猜题速度非常快，这说明大学生群体由于有着相似的成长背景、兴趣点和发展任务，因此具有较高的统一性和默契感。活动二也让我受益匪浅。在选择沙漠必需品的时候，我最初只考虑了物品的一个功能，但是经过讨论和大家的展示后，我才发现这些物品其实具备多种功能。同学们从不同的视角发表看法，帮助我们最大化地利用了有限资源，共同渡过了沙漠难关，最终成功找到了村落。大家一起探索的活动过程让我感觉很开心。

(二)学生乙：无效沟通造成误解

这堂课一开始的表演环节，让我感觉自己仿佛置身于另外一个世界，猜不出大家表达的是什么。这可能是因为我在平时生活中很少接触网络流行语，与大家产生了"代沟"。我很难将同学们表演的内容与日常生活中的流行语联系起来，从而导致沟通障碍。在日常生活中，这样的现象也很常见，当我们想向他人表达自己的想法时，如果信息发起者采用了不恰当的表达方式，或者信息发起者与接收者有着不同的心理世界，都可能会导致对信息的误解。

(三)学生丙：有妥协，也有坚持

在这次课中，我对沟通有了全新的理解。在沙漠求生游戏环节中，大家的答案大体上保持一致，个别不同之处源于对个人野外生存能力的不同理解和掌握的野外生存知识的差异。在此后的团体交流活动中，为了达成共识，每个人都有自己的坚持，同时也作出了相应的妥协。因此，我深刻体会到，沟通在团队中至关重要，我们不能只关注个人利益，更需要兼顾团体利益。

五　拓展学习

(一)《大学生人际沟通艺术与技巧》(刘博主编，知识出版社，2020)

该书介绍了人际沟通的艺术与技巧，涉及认识自我与认识他人、沟通行为的技巧、沟通心理的技巧、人际沟通的艺术、语言沟通、非语言沟通、日常沟通技巧、交友沟通的技巧、与不同人沟通的艺术、职场沟通、团队沟通的艺术等内容，为大学生人际沟通提供了全面的指导。

(二)《人际沟通与公众表达》(郭霖主编，重庆大学出版社，2018)

该书介绍了人际沟通与交流在日常生活、工作中的重要作用，并配以有趣的案例和有针对性的自测题，帮助大学生了解自身不足，并快速掌握沟通与倾听的基本技巧、交友沟通技巧、管理沟通与谈判技巧、跨文化沟通技巧等，提高大学生人际沟通与交流能力。

(三)《沟通的素养》(张薇著，经济管理出版社，2016)

该书博采众长，整合了沟通学、逻辑学、思维学、心理学、语言学、社会学中与沟通相关的理论，同时结合大量的交际情境与案例分析，提升大学生在人际交往与沟通、语言表达和合作等方面的能力，为大学生提供了多视角、多层次的沟通指导。

(四)《十堂沟通训练课》(陈默著，山西人民出版社，2020)

该书通过十堂沟通训练课，从理论和实践两个方面，深度剖析沟通的技巧和方法以及需要注意的问题，能有效帮助大学生迅速提升沟通能力，解决人际矛盾、提高工作效率等问题，具有较强的指导意义。

六 思考与行动

(1)人际沟通的实现依赖于语言符号系统和非语言符号系统，我们需要分析这两种系统之间的差异，并反思自己在哪一方面更具优势。

(2)美国心理学家摩根对纽约州的退休老人进行了调查，发现凡是在人际关系方面保持较多交往且关系协调的老人，相较于那些很少与人交往的老人，拥有更多的幸福感、更低的悲伤感和孤独感。请深入思考人际沟通在这一现象中所发挥的作用，并将你的想法与同学进行分享和交流。

(3)如何看待在网络交往中，一些人认为不使用表情包就难以聊天的现象？

第十四讲

人际吸引

"只是因为在人群中，多看了你一眼，再也没能忘掉你容颜"这句脍炙人口的歌词出自广为流传的歌曲《传奇》，它简洁而深刻地描绘了人际吸引的心理轨迹：从最初的第一印象到后来亲密关系的建立。在茫茫人海中，你是否也曾有过被某人迅速吸引的经历？那些吸引你的人通常具备哪些特质？人们如何决定自己对某个人的喜好？基于哪些因素我们会想要进一步了解对方？这些问题都与人际吸引紧密相关，本讲将聚焦"人际吸引"这一主题，深入讲解人际吸引的相关知识，介绍人际吸引中常见的心理效应，并通过课堂活动找出成员之间的相似性，激发对人际关系的思考，促进成员间的交流，推动人际关系的深入发展。

一 基础知识

（一）人际吸引的概念

在日常交往中，作为社会的一员，我们往往在不经意间被他人吸引，同时也常在不知不觉中吸引着他人。随着网络媒体的发展，人们被媒介中的人物（如明星、网红等）吸引的情况也越发普遍。这种人与人之间难以捉摸的吸引力究竟源自何处？社会心理学对此提供了相对完整且科学的解释。

人际吸引（interpersonal attraction）是人与人相互接触时产生的感知活动，它体现了人际关系中彼此欣赏、接纳的亲密倾向，是构建良好人际关系的重要基石。当我们心中浮现出"我是否喜欢这个人"或"我对他的出现感觉如何"等诸如此类的念头时，实际上正是在思考人际吸引的相关问题。

在心理学领域，人际吸引是一个可以量化、测量的概念。例如，通过询问被试"你有多喜欢他？""你在多大程度上愿意和他成为工作中的搭档？"等问题，可以直观地呈现人际吸引的程度。总的来说，合群是人际吸引的基础层次，仅指愿意与他人相处的倾向，表现为亲近，但并不涉及对他人的喜好或对他人品质的评价。人际吸引的一般形式是喜欢或友谊，而更强烈的形式是爱情。因此，按程度划分，人际吸引可以分为亲近、喜欢、爱情三个层次。

人际吸引是个体间产生的一种积极美好的感知，它是良好第一印象的基石。然而，好的开端并不总能保证好的关系和积极的行为结果。根据行为结果的性质，人际吸引可以分为积极和消极两种。一方面，作为一种积极的心理状态，人际吸引有助于满足个体对人际交往的需求，良好的第一印象能够促进人际和谐。另一方面，人际吸引也可能产生消极的影响，不甚理想的第一印象可能阻碍人际关系的进一步发展，而过强的人际吸引可能导致痴迷与盲从。值得警惕的是，不法分子可能会利用人际吸引的原理来实施诈骗等违法犯罪行为。虽然我们可以把人际吸引视为人际关系中的一种相对积极的形式，但是同样要注意人际吸引带来的潜在风险。掌握科学的人际吸引相关知识有助于我们在复杂多变的外部环境中保持清醒与定力，及时避免损失，并有效促进人际关系的健康发展。

(二)人际吸引的影响因素

究竟是什么因素造就了人与人之间的吸引呢？总的来说，先前的研究表明，影响人际吸引的主要因素包括接近性(proximity)、熟悉性(familiarity)、相似性(similarity)和个人特质。

第一，接近性是人际吸引强有力的预测因素。研究表明，许多婚姻伴侣往往是那些和他们居住在相同小区、在相同的公司或单位工作，或曾在同一个班级学习的人。费斯汀格等人发现，接近性对人际吸引的影响，不仅限于物理距离的接近，还包括功能上的接近与时间上的同步，如两个相距较远的人经常在相近的时间在某个地点相遇等。因此，接近性对人际吸引的影响可以概括为"正确的时间，正确的地点"。

第二，接近性之所以能产生人际吸引的效应，很大程度上是因为它为人们提供了相互熟悉的机会。人们彼此看见和接触的频率越高，成为朋友或恋人的可能性就越大。相对于陌生人，选择熟悉的人往往更安全、更舒适。熟悉性对人际吸引的影响可以概括为曝光效应：如果没有特别令人厌恶的特质，一般情况下，人们暴露在某一刺激下的次数越多，就越可能产生好感和喜欢。交往频率和曝光频率常被用作衡量熟悉程度的指标，进而预测人际吸引的程度。

第三，相似性是人际吸引中另一个非常重要的影响因素。一般来说，人们对与自己相似的个体有着天然的偏爱，人们通常会对与自己有相同观点、态度和特质的人产生好感。例如，当两个不同个体共享同一社会类别、两个不同群体的成员将自己视为同一上级类别的成员，或当他们了解到彼此持有相似的价值观或信仰，以及当他们一起朝着一个共同的目标努力时，彼此之间的好感会增加。即使人们将他人视为不同的人时，强调在其他维度上的相似性也能促进人际吸引。另外，针对人们有时会被与自己完全不同的人吸引的现象，研究者提出了主我分享(I-sharing)的新机制。相对于社会类别、态度和特质这些宾我成分，主我相对缺乏内容，是一种短暂的意识状态。因此，人们永远无法确定自己的意识状态是否与另一个人完全重叠，主我分享往往基于推断。与客我相似者相比，人们更喜欢主我相似者，即主我分享者，即使他们认为主我分享与客我相似性同样重要。

第四，个人特质(如外表吸引力、性格、人格和才能等)也是影响人际吸引的重要因素。无论我们是否愿意承认，美貌确实具有一种天然的优势，外表吸引力较高的个体往往更容易获得青睐(Walster et al.，1966)。研究发现，在促进人际吸引方面，外表吸引力的作用并不存在显著的性别差异，"美即好"的观念普遍存在。此外，内在品格也是非常重要的个人特质，一般来说，人们普遍偏爱真诚、诚实、忠诚、可靠等特质，相较之下，说谎、伪装、不老实等行为则最不受欢迎。总的来说，传统人际吸引理论对解释物理上接近、客观背景相似的个体之间的人际吸引具有很强的说服力，人们可以通过增加接触、寻找共同点、展现他人喜爱的人格特质等方式来增强自己的人际吸引力。

（三）人际吸引的心理学效应

1. 互悦效应

人们通常倾向于喜欢那些喜欢自己的人，这是人际吸引中最基本的原则。由于"被喜欢"是一种普遍的心理需要，因此"喜欢别人"和"被别人喜欢"常常是相互的。首先，要运用互悦效应迈出增进人际吸引的第一步，最直接的方式是向对方表达"我喜欢你"。其次，肯定和称赞对方令人羡慕的特质也是一个有效的办法。最后，自我暴露和真诚的态度都可以向对方传递出重视、接纳、喜欢对方的态度。

2. "自己人"效应

在生活中，我们不难发现，当人们相互认定为"自己人"时，一方更容易受到另一方的观点、立场和行为的影响，同时也更难以拒绝对方提出的要求。简单讲，一旦成为"自己人"，很多事情就变得容易沟通了。"自己人"效应发生时，人们更容易相互认同、情感相融、行为相近，将对方视为同一类人。一般来讲，同属某一类别群体（如性别、年龄、种族、职业等）的个体间更容易产生"自己人"效应。相比于单纯的类别归属，人与人之间在态度、价值观和情绪情感上的共鸣更容易引发"自己人"的感受，例如，当双方拥有共同经历的美好回忆时，这种积极的情感联结会进一步强化"自己人"的认同感。

3. 互惠效应

在现实生活中，人们总是倾向于以相同甚至更多、更好的方式回报他人，而对于那些只知道索取却不懂得回报的人，人们普遍怀有一种厌恶感。人际吸引的判断常基于关系中获得的收益和代价之比。当收益超过代价时，关系会受到重视，吸引力增强；当代价大于收益时，吸引力则降低。常见的六种基本收益包括爱、金钱、地位、物品、服务、信息，而代价主要包括时间、精力、金钱、丧失的机会等。阿伦森等人的研究表明，喜欢不仅与报答的数量有关，还与报答的递增性和递减性相关。互惠原则指出，关系的稳定性取决于双方认为交往是公正的。当人与人交往是平衡的、利大于弊时，往往会增进彼此间的吸引和喜欢。

二 课堂交往活动

(一)活动一：你中有我

1. 活动主题

认识彼此。

2. 活动目的

促进成员之间的相互认识，发现并探讨彼此间的相似性和共同之处，觉察自身在识别相似性时的内心感受，思考这些心理过程对人际关系认知的影响。

3. 活动时间

15分钟。

4. 参与成员

班级全体成员(如40人)。

5. 材料准备

白纸若干。

6. 操作程序

(1)分组结对(2分钟)：教师让学生通过1～10报数，将学生分为10个小组，每个小组2～3人。报数结束后，相同数字的两位学生组成一组，坐在一起交流。

(2)尊姓大名(1分钟)：学生之间互报姓名。

(3)你中有我(4分钟)：教师给每位学生分发纸条，每位学生在知道对方姓名后，通过观察找出自己与对方的相同点，并将相同点写在纸条上。

(4)交换感悟(8分钟)：双方交换写有共同点的纸条，并讨论这次活动带给自己的启示。

(二)活动二：我们的共同点

1. 活动主题

找出共同点。

2. 活动目的

活动引出"不忘初心，方得始终"的主题，强调社会交往的重要性。旨在促进学生间的交流，寻找共同点，促进人际关系的进一步发展。

3.活动时间

30分钟。

4.参与成员

班级全体成员(如40人)。

5.材料准备

白纸若干。

6.操作程序

(1)分组(2分钟):以"不忘初心,方得始终"8个字为口令,将全体学生分为8个小组。

(2)认识(5分钟):组内成员按顺时针方向依次介绍自己,增进熟悉度。

(3)评价(5分钟):每人用5分钟的时间在卡片上为自己顺时针方向的组员写出"我眼中的你"的特点。

(4)分享(5分钟):小组成员互相交换卡片,并就"他人眼中的自己"发表个人看法。

(5)讨论(5分钟):小组内讨论,找出每组组员之间的共同点。

(6)总结(8分钟):每组派一名代表,向全班同学分享本组总结出的共同点。

三 教师分享

(一)良好的人际交往增进人际关系

我们进行了两个课堂活动,活动一是在两到三人的小团体里找共同点,而活动二的每组成员数量比活动一要多一些,这两个活动有一个共同之处,那就是引导大家寻找相似性。从活动一来看,同学们通常是通过外表来判断共同点。在活动二中,大家讨论得更加深入,考虑的方面也更多,虽然每组的分享都有所不同,但各组之间仍然存在很多的相似之处和共同点。本次活动的目的是促进同学间的交流,加强人际交往。在交往中发现与他人的共同之处能够增进人际关系。我们既有相似之处,也有很多不同,最重要的是"求同存异",既要看到人与人之间的相同之处,也要接受人与人之间的差异。

(二)人际吸引的重要性

人际交往通常以互动为载体,真实的互动才能体现交往的效果。在实践活动中的互动交流能让人更高效地学习，即"做中学"。掌握人际吸引的知识，就相当于掌握了人际交往的关键。你可以据此进行印象管理，了解并应用人际吸引的相关知识，这有助于增进人际关系，形成良好的印象，促进人际和谐，建立自信心。

(三)人际吸引的应用建议

那么，当我们的人际关系和人际交往出现问题时，应该如何应对呢？首先，我们应尽量多考虑对方的感受，站在对方的角度考虑问题。可以通过观点采择的方法换位思考和消除刻板印象。有冲突的时候要多交流，多交换思想，沟通是缓解矛盾和消除误解的一种有效方式。其次，热情是印象形成中的中心特质。研究发现，人际交往中的热情和冷漠通常会给人截然不同的印象，因此，我们在日常生活中有意识地提升热情特质，有助于形成良好的人际交往。正如自卑的人通过昂首挺胸可以建立自信一样，热情特质可以通过微笑来表达。在人际交往中，不妨多微笑。

四 学生感悟

(一)学生甲：相似性与人际吸引

这堂课已经是第十四讲了，让我比较开心的是，我与组内小伙伴都非常熟悉了。这堂课中的"你中有我"活动让我们增进了对彼此的了解。按照随机的顺序，我和另外两个组的成员重新组成了一个小组，我们各自观察并写下了共同点。在交流中，我发现我们有很多相似之处，这让我感到很惊喜。在分享我们写的共同点时，每读出一个一样的点时，我就会对他产生更多的兴趣，并且想深入了解他。之后通过教师的讲解，我也发现相似性是人际吸引中非常重要的影响因素。例如，很多人会与自己志趣相投的人成为好朋友。这种从活动中学到知识的感觉真的很奇妙，不枯燥，不尴尬，有体会，有交流，很充实。

(二)学生乙：求同存异

在全班分享过后，教师接着引入关于人际吸引的专业知识。通过实践活动，我们对于人际吸引的理论有了更深刻的理解，也了解了影响人际吸引的因素。通过课堂活动，我们切身感受到了相似性对人际吸引的影响。大家通过寻找彼此的相似性迅速拉近了人际距离，无论是外表的相似、经历的相似还是性格的相似，都会增加好感，这为我之后的人际交往提供了策略。除此之外，我也感受到熟悉性、接近性对人际吸引的影响。例如，从日常生活来看，当我在校园里遇见一个陌生人和一个有过一面之缘的人时，我会对有一面之缘的人更有好感，我相信这些都会为我以后的人际交往提供帮助。此外，没有两片完全一样的叶子，也没有两个一模一样的人。我们在寻找相似性的同时，也要尊重人与人之间的差异性，这样才能更好地和别人相处。

(三)学生丙：表达与观察

在人际交往中，我们会通过各种细节(如一个人的表情、说话的语气、与自己的共同点等)来判断自己是否喜欢对方。通过这堂课的实践活动和教师的讲解，我掌握了许多人际吸引的原则和规律，更重要的是，我学习到了人际吸引中必不可少的秘诀——表达与观察的技巧。在实践活动中，与组内成员的相互观察让我们发现了彼此的共同点，而随后的相互交流又让我们进一步挖掘出了更深层次的共同点。这种直接接触非常有效地拉近了我们之间的距离，使我们彼此感到更加亲近。此外，这堂课的活动还教会了我们如何用心观察和深入思考，在了解人际吸引中的一些心理学效应后，运用这些效应来观察和分析身边的现象，可以帮助我们更好地思考和改善自己的人际交往状况。

五 拓展学习

(一)《凭什么让我们喜欢你》(杨战武著，团结出版社，2015)

该书作者将在人生中的所见所闻和所感所想，以散文的形式记录下来，字里行间洋溢着为人处世的智慧。其中，诚实守信、善良友爱、自尊、勤奋等优秀品质值得我们认真学习。这些品质在人际交往中亦有举足轻重的地位，有助于增强人际吸引力，促进人际关系的和谐发展。

(二)《心理学与吸引力》(高文珍著，中国法治出版社，2015)

该书通过一个个引人入胜的故事，结合心理学基本理论和实际生活，从八个角度传授了增强吸引力的诀窍，帮助我们学会悦纳自己、管理自己，并掌握调控情绪、保持乐观、培养良好品格和提高沟通能力的有效技巧。

(三)《会说话，好人缘》(牛广海编著，吉林文史出版社，2019)

该书讲述了说话在人际关系中的重要作用，并分享了许多有趣且有效的说话技巧和策略，以此增强人际吸引力。真诚又独特的说话方式能够提升吸引力，从而营造良好的沟通氛围，增加进一步的交往机会，融洽人际关系。

（四）《魅力何来：人际吸引的秘密》（戴维·迈尔斯著，寇彧译，人民邮电出版社，2012）

该书基于心理学研究，介绍了人际吸引的秘密，即接近性、相似性、互惠性、喜欢和外表吸引力。此外，该书以简单且丰富的插图生动地呈现了人际吸引的影响因素，更直观地展示了个体应如何提升吸引力以及如何建立、维持和促进亲密关系，兼具理论与实践价值。

六　思考与行动

（1）在日常生活中，拥有好人缘的人通常具备哪些特点？

（2）在人际吸引中，外表美和内在美各自扮演怎样的角色？

（3）如何提升自己的人际吸引力呢？你能分享一些你曾使用过的小技巧吗？

第十五讲

爱　情

爱情是人际吸引中最强烈且最高级的形式，它构建了一种特别的亲密关系。爱情可以纯真无邪，如"郎骑竹马来，绕床弄青梅"；也可以真挚热烈，如"一日不见兮，思之如狂"；它可能平凡如常，如"上言加餐食，下言长相忆"；也可以无比珍惜，如"曾经沧海难为水，除却巫山不是云"。可见，爱情既带给人们美妙、神奇的体验，也给人们带来了伤心和苦涩。那么，在社会心理学中，有哪些爱情的知识和理论值得我们了解和学习呢？在这一讲中，我们将引导学生探索爱情的相关问题，帮助学生从当前及未来的爱情关系中获益，享受爱情的美好与温馨。

一 基础知识

（一）爱情是什么

爱情究竟是什么？是激素驱动下的相互吸引？是两情相悦、日久生情的产物？还是一见钟情的结果？早在 20 世纪中期，心理学家罗洛·梅在其著作《爱与意志》中，从心理学的角度对人类的爱情进行了分析。他指出，爱情是一种奉献，而不是一种索取；它是主动的情感，而不是被动的接受。在他看来，人类的爱情蕴含着四个核心要素：关心、责任、尊重和理解。

然而，对爱情进行真正系统的学术研究始于鲁宾（Rubin）等人的工作。在他看来，爱情是个体对另一个人的某种特殊的想法与态度，是亲密关系的最高层次。它融合了审美、激情等心理因素，还涵盖了生理唤起与共同生活愿望等复杂成分。

社会心理学将爱情定义为个体身心成熟到一定程度时，对异性个体产生的带有性吸引力和浪漫色彩的高级社会情感，其特点如下。

（1）相异性。爱情是在异性之间产生的。

（2）成熟性。爱情是个体身心发展到相对成熟阶段的结果。

（3）高级性。爱情是一种高级情感，不同于低级情绪。

（4）生理性。爱情建立在生理基础之上，包括性爱因素，不是纯粹的精神之恋。

（5）利他性。爱情的基本倾向是奉献，这是衡量个体对某异性是否拥有爱情和爱情强度的重要指标。

爱情是自然发生的，赋予我们强大且无法抗拒的力量。孤独与恐惧是人类与生俱来的情感，而爱能极大程度地缓解这些感受。每个人都渴望得到爱，但究竟什么才是真正意义上对我们的生命具有深远意义的爱，这是值得我们每个人深思的问题。

(二)爱情与喜欢

关于爱情与喜欢的关系，鲁宾曾进行过专门的研究。他指出，爱情与喜欢虽然密切关联，但实际上是截然不同的两种情感。他还编制了测量喜欢和爱情的量表，结果发现，生活中"我喜欢他，但不爱他"的现象经常发生。对于爱情与喜欢的区别，人们普遍认同以下四点。

第一，爱情往往伴随较多的幻想，伴侣被视为令人着迷的、神秘的、有吸引力的存在；喜欢则更多基于对他人的现实评价，而非幻想。

第二，爱情通常表现得更狂热、激烈，且与许多相互冲突的情绪交织在一起；喜欢是一种更单纯、平稳且宁静的体验。

第三，爱情往往与性欲有关，而喜欢通常不涉及这方面的需要。

第四，爱情具有独占性和排他性，而喜欢并非如此。

虽然爱情与喜欢存在差异，但喜欢是爱情的基础。研究表明，影响喜欢的因素（如能力、外貌、相似与互补、邻近与熟悉等）也会影响爱情，并成为一个人最终选择恋人或伴侣的重要条件。

(三)爱情的类型

20世纪70年代，西方社会心理学者李（Lee）把爱情分为六种类型：①冲动爱情，又被称为浪漫爱情。这种爱情受到对方直接而强烈的身体吸引，总是让人想到对方，渴望与对方共度更多时光，对对方的判断往往带有主观的色彩。一见钟情式的爱情往往就是这种类型。②自我中心式爱情，又被称为游戏式爱情。这种爱情的特点是恋爱个体并不希望被爱恋对象束缚，也不希望爱恋对象被自己束缚，他们把爱情看成一系列挑战和难题的解决过程，避免因承诺而造成的负担。③依赖型爱情，又被称为占有式爱情。具有这种爱情的人对爱人表现出强烈的占有欲和焦虑感，常常嫉妒心强烈，这种爱情的结局多为悲剧性的。④实用型爱情。爱情中的双方会站在现实的角度，选择最符合条件的伴侣，例如，在身世、学历、个性、信仰、兴趣、背景等条件方面相匹配的爱恋对象。一旦找到符合条件的伴侣，双方的感情就能进一步发展。在父母安排的婚姻中，这种爱情形式较为多见。⑤结伴爱情，又被称为友谊式爱情。这类爱情不像冲动爱情或依赖型爱情那样激动人心，双方开始时是朋友，具有相同的兴趣爱好和工作环境，逐渐发展出爱情。即使后来分手了，双方也可能仍然保持朋友关系。⑥利他爱情。这是一种无私的、给予的爱情类型。在这种爱情中，对方的快乐、幸福被放在首位，希望对方一切都好，带有忍耐性和仁爱色彩，不要求得到回报。

哈特菲尔德等人进一步区分了激情式爱情与伴侣式爱情。激情式爱情指深情的、富有激情的爱，受生理唤起状态的驱动，情绪在激情式爱情中起主导作用。当你爱恋某人而无法自拔时，这种情感感受就可以称为激情之爱。而伴侣式爱情是一种更实际的爱情，强调彼此间的信任与关心，以及对对方缺点和习惯的容忍。它比激情式爱情更加温和、温暖，它的发展相对比较缓慢。对于一段恋情来说，激情式爱情是恋情的开始阶段，随着关系的发展，情感逐渐趋于稳定，新鲜感和惊奇感消退。此时，爱人的理想化形象与人类不完美的真实开始产生冲突，双方逐渐形成了固定的交往模式，两人的生活开始稳定下来。在现实生活中，如果一段亲密的感情能经受住时间的考验，那么它就会逐渐转化为一种稳固而温馨的爱情。跨文化研究表明，不同文化背景下的人们对爱情的看法和追求存在差异。美国人更重视激情式的爱情，而中国人更重视伴侣式的爱情。

(四)爱情三角理论

心理学家斯滕伯格(Sternberg)提出了爱情三角理论，他认为爱情的三个核心要素是激情、亲密和承诺。激情是爱情中的性欲成分，是情绪上的着迷；亲密指爱情关系能够带来的温暖体验；承诺则是指维持关系的决定、期许或责任。这三种成分就像色彩中的三原色，能够组成不同种类的次级爱情形式：喜欢式爱情、迷恋式爱情、空洞式爱情、浪漫式爱情、伴侣式爱情、愚昧式爱情、完美式爱情七种类型(见图 15.1)。

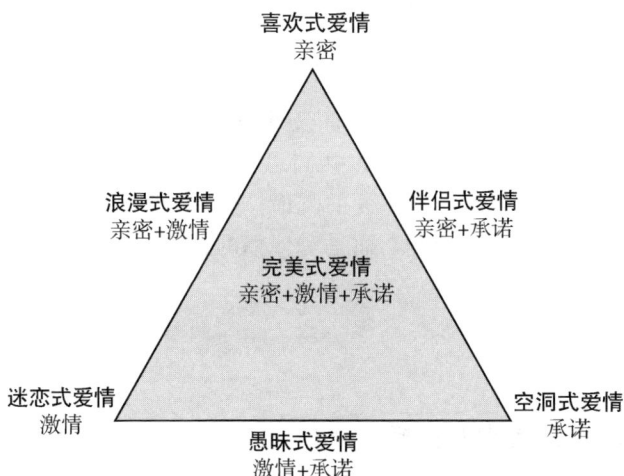

图 15.1 斯滕伯格的爱情三角理论

爱情三角理论认为，激情是爱情的发动机，没有激情，爱情就缺少了生存和发展的原动力；亲密是爱情的加油站，没有了亲密，爱情就容易枯竭；承诺是爱情的安全气囊，没有了承诺，爱情就多了几分危险，时刻有崩溃的可能。因此，激情、亲密和承诺共同构成了爱情，缺少任何一个要素都不能称其为真正的爱情。

(五)爱情中的性别差异

爱情既可能存在于性格迥异、经历不同的两人之间，也可能诞生于志趣相投、背景相似的亲密相处中。在这个过程中，双方难免会产生冲突和矛盾，部分原因在于男性和女性对同样的事情往往有不同的心理感受。因此，了解爱情中的性别差异对于经营好爱情至关重要。首先，男女在爱情中的心理需求可能不同。男性通常希望在爱情中得到尊重、信任、欣赏和认可，而女性通常希望在爱情中获得关心、照顾、珍爱和安全感。男性可能喜欢被需要的感觉，而女性可能喜欢被赞美、感激和鼓励。其次，男女在爱情中的语言交流也存在差异。男女在交谈中关注的话题、谈话的风格、沟通的目的往往不同。女性更喜欢谈论感情和人物等较为个人化的事情；相比之下，男性则更喜欢谈论新闻、时政、汽车和运动等非个人化的事情。男性往往倾向于通过沟通传递或收集信息，而女性往往期望通过沟通与对方建立更加亲密、良好的关系。这种差异有时会导致双方在沟通中产生误解和冲突。最后，男女在爱情中的思维方式可能存在差异，女性的思维倾向于向外发散，而男性的思维倾向于向内收敛。当女性心烦意乱时，她们可能需要被倾听、被关注、被理解；此时，男性可以通过不加评价的倾听，理解和支持女性释放情绪的需要。有些人可能更倾向聚焦型思维方式，在专注思考时希望减少干扰，此时，伴侣提供适当空间可能有助于减少冲突。

爱情的一大挑战在于了解一个与自己不同的人。目标不是让两个人的想法完全一致或彼此修正，而是让两个人共同思考、磨合与适应。如果爱不能带来欢乐和成长，那么我们可能误解了爱的真谛；如果爱变得艰难或成为一种束缚，那么我们追求的便不是真正的爱，而是对伴侣的过度依赖或控制。

二 课堂交往活动

(一)活动一：爱情的模样

1. 活动主题

爱情的模样。

2. 活动目的

以斯滕伯格的爱情三角理论为基础，划分爱情的类型，并通过分析爱情的成分及类型，正确认识爱情，了解爱情的本质，学会如何发展健康的恋爱关系。

3. 活动时间

42 分钟。

4. 参与成员

班级全体成员（如 40 人，每个小组 5 人，共分为 8 个小组）。

5. 材料准备

与主题相关的材料（可根据实际情况选择）。

6. 操作程序

（1）案例准备（7 分钟）：各小组首先抽取主题，然后根据课堂中教师对这些爱情类型的讲解，结合自身经历、书籍或影视作品，准备相关的案例。

（2）故事分享（28 分钟）：各小组依次分享准备的案例，其他小组猜测案例中表现的爱情类型。

（3）交流感悟（7 分钟）：学生分享自己对爱情的理解和感悟。

（二）活动二：爱情的百万预算

1. 活动主题

爱情的百万预算。

2. 活动目的

通过活动明确自己对爱情的期待和看重的因素，重新审视自己的爱情观。预算代表对爱情的期望，投资越多，期望收益就越大。

3. 活动时间

20 分钟。

4. 参与成员

班级全体成员（如 40 人，每个小组 5 人，共分为 8 个小组）。

5. 材料准备

卡片若干张。

6. 操作程序

（1）经费预算（5 分钟）：假设每位学生拥有 100 万元预算，需要对爱情的 10 个方面进行投资，并将预算填写在卡片上。

（2）分享（15 分钟）：小组成员分享和讨论自己的预算分配情况。请注意，总预算是 100 万元，不得超出。

三 教师分享

(一)爱情与归因

沙赫特(Schachter)和辛格(Singer)提出的情绪二因素理论认为,情绪是生理唤起与认知过程的结合,尽管不同情绪的生理反应可能极为相似,但人们对这些反应的不同解释会导致完全不同的情感体验。同样,爱情也是生理唤起与认知过程相互作用的结果。当个体因某些不明确的原因产生了生理唤起,而这时他正与一位异性在一起,他可能会将这种生理唤起归因于对方。例如,当处于兴奋状态的男性对女性作出反应时,他们很容易不恰当地将自己的某些生理唤起归因于这位女性。达顿(Dutton)和阿伦(Aron)的吊桥实验证明了这一点:他们发现,相较于在公园里见面,当年轻男性和女性在吊桥上见面时,男性对女性的兴趣更高,这是由于吊桥上的恐惧引发了个体的生理唤起,而这种生理唤起导致了男性的错误归因。另一项研究发现,生理唤起的类型并不影响吸引力,无论是正性唤起(如积极愉悦的场景)还是负性唤起(如令人感到恶心不适的场景),均能够引发个体的吸引力,而中性唤起不会产生这种效果。

(二)影响爱情关系稳定的因素

社会心理学家在大量调查研究后发现,以下因素会对爱情和婚姻关系的稳定性产生重要影响:在稳定的双亲家庭里长大;结婚前有较长时间的恋爱经历;接受过较好且相似的教育;有稳定的收入;居住在小城镇;结婚之前没有同居或怀孕的经历;彼此之间有坚定的信念;信仰和受教育水平相似;等等。

(三)爱情与文化

不同文化会影响人们对爱情与婚姻的态度。有学者认为,西方文化和中国文化下的婚姻观不同,西方人的婚姻更多是爱情婚姻,他们追求浪漫和仪式感,认为婚姻需要经常保鲜,是一种充满激情的亲密关系;中国人的婚姻讲究缘分,认为婚姻是过日子,双方在婚姻中对彼此具有较高的忍耐性,是一种平静的亲密关系(徐安琪,2012)。

四 学生感悟

(一)学生甲:爱情并不是一帆风顺的

偶像剧里王子与灰姑娘的爱情故事可能真的会发生,但我们无法预知他们在一起后的生活会怎样。舒婷在《致橡树》里写道："我如果爱你，绝不像攀援的凌霄花……我必须是你近旁的一株木棉，作为树的形象和你站在一起。"爱情并不是一帆风顺的，当遇到困难时，我们需要彼此宽容和理解。爱情需要相爱的人相互扶持，在平淡的生活中慢慢体会爱情的真谛。

(二)学生乙：拥有正确的爱情观很重要

爱情是一个古老而常新的话题，它牵动着无数人的心弦，既是人们亲密关系的展现，也是人们生活的重要部分。毫无疑问，拥有爱情的人往往比单身的人更能够避免孤独的侵袭，更能够享受到亲密关系带来的益处。然而，由于不同的人对爱情的认识和解读不同，他们持有的爱情观也各不相同，因此对爱情的认识和观点至今仍引发人们的争论和思考。通过这堂课的学习，我认为爱情观是一个人世界观、人生观、价值观在恋爱问题上的具体体现，拥有正确的爱情观可以引导人们走向健康、幸福和美好的生活，更有效地帮助人们解决爱情中的矛盾和冲突，从而建构起更完善、更健康的自我。

(三)学生丙：爱情不是完全的自我奉献

非常感谢教师给我们讲授的这节以爱情为主题的课程，它让我对爱情有了全新的看法。首先，在大学生活中，我们应该勇于去寻找自己的爱情。但是，过度重视自我，或者将对方看作自己的全部，认为失去对方就等于失去了一切，这些想法都是非理性的，会在未来的交往中给自己带来很多困扰。其次，敢爱是年轻人应该有的勇气，但这不意味着要奉献一切。我们每个人都是独立的个体，过度依赖对方往往会让我们失去自我价值。爱情应该促使我们共同成长，而不是成为双方的阻碍与牵绊。在为对方奉献的同时，我们应该思考：这是不是对方真正需要的？这样的做法是否会伤害到自己？盲目地奉献和牺牲只会贬低自我价值，降低自尊，这显然违背了爱情的初衷。

五　拓展学习

(一)《爱情心理学》(张晨光著，中国科学技术出版社，2022)

该书总结了心理学中有关爱情的理论和研究，并结合实际生活中有关爱情的现象和实例，层层深入地揭示了爱情的心理学本质。该书从多方面解读爱情，并剖析了爱情中的人性本质，既能提供科学指导，又具有一定的实践意义，有助于形成正确的爱情观并指导爱情实践。

(二)《大学生恋爱与情感教育》(胡瑶、方旭峰著,汕头大学出版社,2018)

该书基于认知、角色、人格三个维度,探讨了恋爱的本质、表现和提升方法,从原生家庭、校园环境和社会文化层面,全面剖析了大学生恋爱中存在的问题及其成因。该书几乎涵盖了大学生恋爱中的所有困惑,对于提升大学生的情感能力和恋爱的应对策略具有积极作用。

(三)《心理学小品:爱与不爱之间》(马家辉著,世界图书出版公司北京公司,2006)

该书以心理学小品的形式介绍了爱情的心理学模型,细腻地分析了爱情、人际交往与梦境中的潜在心理,既有科学的理论分析,又保留了爱情中那份不可言喻的神秘与浪漫,可谓是浪漫与科学的结合。

(四)《爱情心理学》(罗伯特·斯腾伯格①编著,李朝旭等译,世界图书出版公司北京公司,2010)

该书聚焦于有关爱情的重要理论和实证研究,是一部严肃的学术著作。作者从爱情的多个方面(包括不同文化下的爱情观、性观念、婚姻制度等)对爱情进行了探讨,针对爱情中遇到的实际困境给出了详细解答。

六 思考与行动

(1)爱情中的性别差异给你带来了哪些启发?

(2)有人说"婚姻是爱情的坟墓",请阐述你的观点和理由。

(3)如何经营和维持一段健康而长久的亲密关系?请分享你的看法和建议。

---

① 也可译为斯滕伯格。

第十六讲

人际冲突及其化解

　　人际冲突无所不在，它是社会互动的一种常见形式，也是人际交往中不可避免的过程。关于冲突，大多数人往往带有一种偏见，即认为冲突是不好的或麻烦的。这些麻烦可大可小，小到人与人之间的摩擦不和，大到国与国之间的战争。冲突有实有虚，虚则表现为内隐的不和，外在却维持着虚假的和谐；实则意味着内在的不和已经突破了表面界限，表现为外显的争斗。不可否认，人际冲突常常伴随着紧张、威胁和暴力等负面体验，让人想退避三舍，敬而远之。但人际冲突也是社会化的一种形式，和谐与冲突相伴而生，形成矛盾互动的统一体。因此，人际冲突应被视为一种建设性而非破坏性的力量。那么，人际冲突究竟是什么？冲突是如何发生的？如何化解冲突呢？这一系列的问题成为研究者关注的焦点。本讲内容聚焦人际冲突的产生及其化解方式，帮助学生理解社会心理学中人际冲突的基本概念与知识。通过课堂活动，学生将学会如何建立良好的人际关系，学会更好地与他人友好相处，化解人际冲突。

一　基础知识

（一）人际冲突的概念

　　人际冲突是发生在社会生活层面的社会冲突。关于"社会冲突"，学界有三种看法：①辩证冲突论。该理论认为，社会冲突不可能消除，只能在认识社会冲突本质的基础上，避免其消极影响，发挥其积极影响。②积极功能冲突论。该理论强调社会冲突具有促进社会整合，防止社会系统僵化，增强社会组织适应性等积极功能。③一般冲突论。该理论强调冲突是日常生活和人际交往的一部分。一般冲突常表现为与个体利益相关、面对面发生的主体间的紧张、不和谐、敌视，甚至斗争的状态。

　　人际冲突是日常生活中人际交往的一部分，是一种广泛存在的社会现象，其内涵和定义源于社会学家对"冲突"的解释。美国社会学家乔纳森·H. 特纳（Jonathan H. Turner）认为："冲突是两方之间公开与直接的互动，在冲突中，每一方的行为都是意在阻止对方达到其目标。"特纳所指的冲突是已经外显化的，且被冲突双方明确感知到冲突内容的人际互动形式。国内研究者黄曬莉指出，冲突有时表现为虚性冲突，即冲突双方互动中激化的情绪及其他因素的干扰掩盖了引发冲突的内容及原因，模糊了冲突的实质焦点，使冲突从外显冲突转化为虚性冲突。无论什么形式的冲突，都在一定程度上揭示了冲突的共性特点。学者威尔默特（Wilmot）和霍克（Hocker）以冲突的特征为基础，在《人际冲突：构成和解决（第 7 版）》一书中为人际冲突提供了一个清晰的定义，"人际冲突是两个或两个以上相互依赖的个体之间，在感到彼此的目标不相匹配、资源不足以及彼此的行为对对方实现目标产生干扰时，所表现出来的明确的斗争"。

根据学界对冲突的定义梳理，我们可以归纳出人际冲突的四个内涵特征：①冲突是一种人际互动方式或过程，反映着一种外显化或内隐式的对立关系。②冲突的主体是双方个体或群体。③冲突的实质指向相互矛盾或对立的目标或价值观。④冲突双方既相互依赖，又相互阻挠。

（二）人际冲突的类型

按照冲突的对抗程度，人际冲突可以表现为两种形式。第一，对抗性人际冲突。这种冲突基于相异且相互排斥的利益目标，冲突主体双方的矛盾完全不相容、不可调和，冲突会带来破坏性的结果。第二，非对抗性人际冲突。这种冲突基于根本利益一致，但具体利益相异的情况，冲突主体双方的矛盾不完全排斥，在一定程度上可以调和与解决。

根据冲突的成分，人际冲突可以划分为三种类型。第一，内容冲突。内容冲突指向人际冲突的认知内容，即冲突主体的认识和记忆，聚焦引发冲突的事件内容。第二，关系冲突。关系冲突指向人际冲突主体间的情感关系，即冲突主体关注彼此对关系的评价和情感体验。第三，行为冲突。行为冲突指向人际冲突主体的具体行为和应对方式，即冲突主体引发冲突的行为方式和应对冲突的反馈行为方式。

（三）人际冲突的来源

人际冲突是如何引发的呢？

首先，人际冲突源于目标的矛盾和对立。科塞（Coser）认为："冲突是有关价值、对稀有地位的要求、权力和资源的斗争。"可见，稀缺是引发人际冲突的重要因素。社会心理学家谢里夫及其同事以一群11～12岁男孩为被试进行夏令营实验，结果证明了竞争会引起激烈冲突。后续研究发现：当人们知觉到金钱、工作岗位和权力这些资源是有限且需要通过竞争才能获得时，一个明显的外部群体会成为潜在竞争者，冲突就产生了。

其次，人际冲突源于对依赖关系的认知偏差。只有在相互依赖的关系中才会产生冲突，依赖性越高，产生冲突的频率也可能越高。意识到人际冲突中关系主体的相互依赖关系，是建设性地处理人际冲突的前提。但人际冲突的产生并非源于相互依赖，而是来源于依赖关系中主体对关系的认知偏差，例如，个体的归因错误、认知差异、低信任度或缺乏信任、态度不一致或角色不同，以及感知到的不公平等因素都可能会引起人际冲突。

最后，人际矛盾的外化行为会引发人际冲突。冲突是双方公开且直接的互动结果，只有当双方都意识到矛盾的存在，并采取相应的外化行为时，人际冲突才会真正爆发。矛盾的外化行为既包括语言行为(如指责、干涉、嘲笑等),也包含非语言的行为形式(如冷漠的回避、疏离的目光、蔑视等)。约翰·戈特曼(John Gottman)根据其对亲密关系的研究,指出了亲密关系冲突中的四大"杀手"——批评、轻蔑、防卫和筑墙。这四种方式涵盖了大部分人际矛盾的外化形式,不仅容易在亲密关系中引发冲突,也容易导致日常生活中其他方面的人际矛盾。

(四)人际冲突的化解

那么,当冲突发生时,我们该如何化解?现实生活中,人际冲突总会给冲突双方带来很多不良的体验,因此人们总会夸大冲突的负性结果。事实上,面对冲突,人们持有的态度影响着其对冲突的解决方式。冲突给我们带来了诸多问题,在一定程度上也促进了改变。如何解决冲突,实际上是人们选择的结果,也就是说,冲突带来的结果并不取决于冲突本身,而是取决于冲突双方的应对方式。一些研究发现,接触、合作、沟通以及和解等方式都能够有效化解冲突。

第一,接触。通过紧密接触,对立双方可以消除偏见,建立友谊。谢里夫及其同事的研究指出,接触需要在相互依赖的关系中,地位平等、友好的非正式情境下,通过合作完成共同目标,才能减少偏见,化解冲突。

第二,合作。通过合作,对立双方在达成共同目标的过程中,可以建立内部的团结。阿伦森(Aronson & Gonzalez,1988)领导的研究小组使用拼图范式进行了促进合作的研究,他们鼓励共同目标和相互支持,在任务上共同合作,化解冲突。

第三,沟通。有效的沟通能够化解冲突。矛盾双方可以通过谈判、调解或仲裁的方式,在难以直接协调的事件中实现双赢,保障彼此利益。在有效的沟通中,双方需要尊重彼此,重点关注情绪的表达和理解,学会坦诚的交流。

第四,和解。对于急剧紧张的冲突情境,社会心理学家奥斯古德(Osgood,1962)提出了"和解"(GRIT)概念。他建议通过逐步(graduate)、互惠(reciprocate)、主动(initiative)、减少紧张(tension reduction)的步骤,逐步缓解冲突,最终化解紧张的局势。

二 课堂交往活动

(一)活动一:"冲突"小剧场

1. *活动主题*

演绎冲突。

2. 活动目的

通过演绎生活中可能发生的冲突事件，全面了解生活中可能遭遇的各种人际冲突，并有针对性地对不同的人际冲突进行探讨（聚焦于人际冲突的 what，when，why，how 四个层面）。旨在帮助学生学会更好地与他人相处，并有效化解矛盾。

3. 活动时间

40 分钟。

4. 参与成员

班级全体成员（如 40 人）。

5. 材料准备

场景脚本。

6. 操作程序

(1)分组(2 分钟)：根据预先准备好的 8 个冲突场景，将学生分为 8 组。可参考如下主题。

①食堂中的插队冲突。

②宿舍中的噪声冲突。

③异性间的交往冲突。

④母女间的分歧冲突。

⑤同学间的误会冲突。

⑥路人间的相撞冲突。

⑦球场中的打球冲突。

⑧图书馆中的占座冲突。

(2)编剧(8 分钟)：各组抽取主题后，根据主题编排短剧，要求体现人际冲突的关键点。

(3)展示(20 分钟)：在课堂上展示编排的情景短剧。

(4)交流(10 分钟)：同学们交流观看短剧后的感悟和心得。

(二)活动二：寻人活动

1. 活动主题

寻人活动。

2. 活动目的

通过寻人活动，增加同学之间的了解，建立良好的人际关系。

3. 活动时间

20 分钟。

4. 参与成员

班级全体成员(如 40 人)。

5. 材料准备

纸、笔若干。

6. 操作程序

(1)寻人(15 分钟):同学们根据给定的特征寻找符合条件的同学,并要求符合特征者本人签名。每人只能签一次名,每个特征至少需要一人签名。(见表 16.1)

(2)统计结果(5 分钟):统计每位同学获得的有效签名数量,获得有效签名数量最多者获胜。

表 16.1　寻人表

寻人活动							
要求:表格中必须是符合特征者本人的签名;每一个人只能签一次名;每一个特征至少找到一人签名;获得有效签名最多者获胜。。							
寻找对象的特征	1	2	3	4	5	6	7
1. 捐过款							
2. 会打乒乓球							
3. 喜欢"社会心理与人际交往"课程							
4. 长头发							
5. 公开发表过论文							
6. 网络游戏高手							
7. 湖北人							
8. 穿黑色袜子							
9. O 型血							
10. 中国共产党党员							
11. 住过院							
12. 恋爱中							
13. 妈妈是教师							

续表

寻找对象的特征	1	2	3	4	5	6	7
14. 戴眼镜							
15. 夜猫子							
16. 喜欢听古典音乐							
17. 会唱《我和我的祖国》							
18. 会游泳							
19. 十二月出生							
20. 养过宠物							
……							

三 教师分享

(一)冲突是日常生活的常态

社会是和谐与冲突、吸引与排斥、爱与恨等矛盾形式相互交织、互动的统一体。人际冲突的存在是生活的常态。每个人都拥有独特的基因，在独特的社会情境下成长，这决定了人们在面对社会中的他人或事时会拥有独特的需求、不同的态度表达和情感表达方式，因此人与人的差异是绝对的。无论是在学习、生活还是在职场中，当这种差异不能被彼此认可或理解时，冲突就可能发生。冲突可能以外显的和激烈的争吵、碰撞为形式，也可能以内隐的冷漠、忽视为形式，给我们的内心带来诸多困扰，从而影响我们的方方面面。如果人们能够意识到冲突是不可避免的，并且接纳这种冲突的状态，我们就能够在冲突中寻找建设性的方式去化解它。

(二)人际冲突的形态特征

人际冲突是一种对立状态，表现为两个或两个以上相互关联的主体之间的紧张、不和谐、敌视，甚至斗争的状态。从人际冲突的发生形态上来看，人际冲突表现为两种形态：第一，冲突的外显层面，如吵架、生气、不合作、拆台、顶撞等；第二，冲突的内隐层面，表现为个体潜在地坚守自身风格、利益、尊严、认知、情感等方面，并对他人的差异化特征产生对抗。人际冲突具有以下特征：①对立性与不可兼容性。其中，对立的程度和形式有很大差别，涵盖多个水平，可能是较为明显的攻击与侵犯，也可能是相对消极的冷漠与抗议。

②强调个体的主观感受。在冲突过程中,个体会感受到愤怒、敌意或怀疑等外显和内隐情绪,只有当个体在认知上知觉到冲突的存在时,人际冲突才会真正发生。③互动性。人际冲突是动态的过程,双方关系在此过程中不断改变,可能会得到进一步的破坏或改善,其最终的结果取决于冲突双方如何相互反应(樊富珉、张翔,2003)。

(三)学会化解冲突

没有人是一座孤岛,而沟通就是孤岛之间的桥梁。冲突的产生可能是因为孤岛之间的沟通桥梁出现了问题,本质上是沟通不畅的结果(许燕、梁觉,1999)。因此,当冲突发生时,不妨试试以下化解人际冲突的方法:①冷静。发生冲突后,人们受到情绪影响很难进行理性思考,因此不妨给双方一些时间和空间,冷静下来后,以更平和的方式进行交流。②尊重。尊重对方的价值和表达,不在言语等方面贬低对方,平等沟通。③自问。冲突涉及双方,因此双方都有在人际互动中考虑不周全的地方,及时自省有助于避免冲突的再次发生。④归因。在冲突解决的过程中,双方可以通过沟通探究冲突产生的原因。冲突可能来源于事情本身,也可能来源于双方存在的误解,针对原因进行沟通可以精准化解冲突。⑤平衡需要。解决冲突时,要共同平衡自身和他人在事件背后的物质和心理需要。⑥理解。设身处地地理解对方的处境和行为。⑦智慧。解决冲突需要一些人际交往的智慧,成功地解决冲突有助于提升自己的人际智慧。⑧适度满意。解决冲突需要达到双方都较为满意的状态,如果某一方过于苛刻,那么不必寻求最完美的结果。⑨关心。冲突化解后,不妨对他人在相关事件的进展上表现出适当的关心,以维持人际关系的和谐发展。⑩共享时光。冲突解决的过程也是双方相处的过程,在沟通中共享的一段时光既成为自己冲突解决的经验,也是未来双方关系发展的契机。

四 学生感悟

(一)学生甲:退一步,海阔天空

通过这堂课的活动和教师的讲解,我们对日常生活中的各类冲突有了更为深刻的理解。人际冲突时有发生,关键在于学会如何有效地解决问题,不要将冲突升级,做出损人不利己的事情。我觉得这堂课氛围非常融洽,在教师的积极引导下大家都很活跃,表演也十分精彩,能够很好地反映主题。我在平时生活中是一个挺和善的人,跟人发生冲突和矛盾的次数并不算多,大部分时间都是抱着"退一步,海阔天空"的观念,这样我觉得也挺好。通过此次课程和活动,我学会了在面对人际冲突时如何思考和理性应对。人际冲突在我们的生活中很可能发生，巧妙、恰当的化解方式才是我们应该不断学习和提高的部分。

(二)学生乙：换位思考

虽然在发生冲突时，受到强烈情绪的影响，我们会倾向于认为错误都在他人，但是在实际的学习与生活中，很多冲突都来源于错误的认知。就像我们在课上的讨论中所说的那样，冲突可能是我们表达方式不够恰当，引起了别人的误解；也可能是别人只看到了你的外在行为，误解了行为背后的动机。在这次课堂活动后，我明白了冲突背后的原因来自矛盾双方，其解决也需要二者的共同努力。例如，要多站在对方的角度思考问题，遇到矛盾时保持冷静、平和的心态等。相信我们在之后的生活中能慢慢掌握化解矛盾和冲突的技巧，不断改善人际关系。

(三)学生丙：在冲突中成长

这堂课非常有意思，我觉得我们班上的同学都很有表演天赋，八个组的表演让我看得意犹未尽，每一个都特别精彩。我也从这些同学的表演中了解到，每个人对事物都有自己的想法与偏好，这会导致人与人在交往过程中出现一些冲突。而在发生冲突的过程中，我们需要控制自身的情绪，冷静、客观地去寻找冲突发生的原因，了解双方是从什么角度来进行思考的，看清双方思维方式的差异，从而有助于双方更快地达成一致，也能让自己更全面地思考问题，弥补自身想法与观点的不足；此外，我们也可以多多了解对方人际交往的原则与习惯，理解对方的性格偏好，这使我们能更加了解如何与不同的人进行交流沟通，如何应对观点的差异，以减少冲突的发生。

五　拓展学习

(一)《无障碍沟通心理学》(北雪著，北方文艺出版社，2019)

首先，该书介绍了生活中常见的沟通问题，并根据心理学原理，揭示了沟通障碍背后的深层原因。其次，该书列举了许多巧妙化解尴尬冷场、矛盾冲突等方面的案例，有助于读者清晰表达自我、理解他人，并建立和谐的人际关系，具有实践指导意义。

(二)《化解冲突》(金雪莲著，中国经济出版社，2011)

该书认为，人与人之间的冲突不可避免，关键在于如何化解冲突、修复关系并进一步发展和谐的关系。书中对如何了解他人的想法和意图，以及如何改正所犯的错误、化解已有的误解进行了详尽的指导，通过不同的修复方式帮助人们形成更为深刻、持久的信任关系。

(三)《正面沟通》(胡峰著，古吴轩出版社，2017)

该书认为正面沟通能够有效化解人际冲突，通过分析经典案例，从多个方面诠释了正面沟通的含义，并提炼出了一套高效、实用的化解冲突的沟通方法和技巧。作者从说服、赞美、倾听、表达、幽默、安抚、调解、谈判、应变等方面系统阐述了如何与他人正面沟通，化解冲突。

(四)《化解冲突：有效沟通七大黄金法则》(路易莎·温斯坦著，王昭昕译，现代出版社，2021)

该书利用日常生活中的事件，归纳总结了化解冲突的七大原则，即承认冲突、控制反应、在困难对话中应用调节方法框架、管理解决方法、建立早期化解冲突的文化、付诸行动和重新评估。书中提供了许多极具应用性的冲突解决方法和技巧，具有较高的实践指导意义。

六 思考与行动

(1)想一想，日常生活中的哪些因素可能会加深人际交往双方的冲突？

(2)结合自身经历，思考冲突对你的人际关系有哪些积极影响。

(3)回忆一下，你以前是如何处理冲突的？以后遇到冲突你会怎么做？和同学一起结合现实生活中的常见冲突情境，分享彼此的经验，并演练相应的冲突化解策略。

参考文献

陈庆秋，徐华，吴南.(2018).助人情境中幼儿知恩图报意识的发展.心理发展与教育，34(4)，403—409.

戴维·迈尔斯.(2006).社会心理学(第8版).侯玉波，乐国安，张智勇等译.北京：人民邮电出版社.

翟学伟.(2017).爱情与姻缘：两种亲密关系的模式比较——关系向度上的理想型解释.社会学研究，32(2)，128—149＋244.

杜卫，闫春平，孙晓敏，等.(2009).语言的群体间偏差研究.心理科学，32(1)，106—109.

段文婷，江光荣.(2008).计划行为理论述评.心理科学进展，16(2)，315—320.

樊富珉，张翔.(2003).人际冲突与冲突管理研究综述.中国矿业大学学报(社会科学版)，(3)，82—91.

高倩，佐斌，郭新立，等.(2010).人际吸引机制探索：主我分享中情绪的作用.心理与行为研究，8(3)，183—189.

高倩，佐斌.(2009).主我分享：人际吸引研究的新发展.心理科学，32(2)，391—393.

侯玉波.(2018).社会心理学(第4版).北京：北京大学出版社.

黄曬莉.(2007).华人人际和谐与冲突：本土化的理论与研究.重庆：重庆大学出版社.

金盛华.(1996).自我概念及其发展.北京师范大学学报(社会科学版)，(1)，30—36.

乐国安.(2022).社会心理学(数字教材版).北京：中国人民大学出版社.

李贤瑜，郑勇军.(2012).大学生人际交往心理学.南昌：江西人民出版社.

梁燕芳，谢天.(2021).东西方文化下的真实自我研究：一种关系的视角.心理科学进展，29(5)，894—905.

龙长权，张婷.(2014).沟通心理学.重庆：西南师范大学出版社.

王娟.(2006).中国人爱情的心理结构及其影响因素.硕士学位论文,华中师范大学.

王秀娟,王娜,韩尚锋,等.(2018).面孔可信度对助人行为的影响:依恋安全的调节作用.心理学报,50(11),1292—1302.

威尔莫特,霍克.(2011).人际冲突:构成和解决(第 7 版).曾敏昊,刘宇耘译.上海:上海社会科学院出版社.

徐安琪.(2012).离婚风险的影响机制——一个综合解释模型探讨.社会学研究,27(2),109—125+244.

徐同洁,温芳芳,浮东琴,等.(2014).人际沟通中的语言偏向及影响因素.心理科学进展,22(7),1188—1197.

许丹,李亦欣.(2020).个体助人行为的形成与发展——基于扎根理论的探究.心理科学,43(5),1243—1249.

许燕,梁觉.(1998).北京师范生人际冲突处理方式的研究.青年研究,(4),21—27.

杨宜音,张曙光.(2015).社会心理学(第 2 版).北京:首都经济贸易大学出版社.

张桂芳.(2019).1G 到 5G:人际交往格局嬗变.人民论坛,(11),31—32.

张淑华.(2002).人际沟通能力研究进展.心理科学,(4),503—505.

佐斌,高倩.(2008).熟悉性和相似性对人际吸引的影响.中国临床心理学杂志,16(6),634—636+633.

佐斌,刘晨,温芳芳,等.(2021).性别化名字对个体印象评价及人际交往的影响.心理学报,53(4),387—399.

佐斌,温芳芳,朱晓芳.(2007).大学生对年轻人和老年人的年龄刻板印象.应用心理学,13(3),231—236.

佐斌,张阳阳,赵菊,等.(2006).刻板印象内容模型:理论假设及研究.心理科学进展,14(1),138—145.

佐斌.(2009).社会心理学.北京:高等教育出版社.

Abrams, D., Palmer, S. B., Rutland, A., Cameron, L., & Van de Vyver, J. (2014). Evaluations of and reasoning about normative and deviant ingroup and outgroup members: Development of the black sheep effect. *Developmental Psychology*, 50(1), 258—270.

Anderson, N. H. (1965). Averaging versus adding as a stimulus-combination rule in impression formation. *Journal of Experimental Psychology*, 70(4), 394—400.

Anderson, N. H. (1967). Averaging model analysis of set-size effect in impression formation. *Journal of Experimental Psychology*, 75(2), 158—165.

Aronson, E. , & Bridgeman, D. (1979). Jigsaw groups and the desegregated classroom: In pursuit of common goals. *Personality and Social Psychology Bulletin*, 5(4), 438—446.

Aronson, E. , & Gonzalez, A. (1988). Desegregation, jigsaw, and the Mexican-American experience. In P. Katz & D. Taylor (Eds.), *Eliminating Racism : Profiles in Controversy*. New York: Plenum Press.

Aronson, E. , Wilson, T. , & Akert, R. (2014). *Sozialpsychologie*. New York: Pearson Studium.

Asch, S. E. (1946). Forming impressions of personality. *The Journal of Abnormal and Social Psychology*, 41(3), 258—290.

Asch, S. E. (1951). Effects of group pressure upon the modification and distortion of judgments. In H. Guetzkow (Ed.), *Groups, Leadership and Men; Research in Human Relations*. Pittsburgh: Carnegie Press.

Ashmore, R. D. , & Tumia, M. L. (1980). Sex stereotypes and implicit personality theory. I. A personality description approach to the assessment of sex stereotypes. *Sex Roles*, 6(4), 501—518.

Baumgardner, A. H. (1990). To know oneself is to like oneself: Self-certainty and self-affect. *Journal of Personality and Social Psychology*, 58(6), 1062—1072.

Berscheid, E. , & Reis, H. T. (1998). Attraction and close relationships. In D. T. Gilbert, S. T. Fiske, & G. Lindzey (Eds.), *The Handbook of Social Psychology*. New York: McGraw-Hill.

Brown, J. D. , & Dutton, K. A. (1995). The thrill of victory, the complexity of defeat: Self-esteem and people's emotional reactions to success and failure. *Journal of Personality and Social Psychology*, 68(4), 712—722.

Crocker, J. , & Luhtanen, R. (1990). Collective self-esteem and ingroup bias. *Journal of Personality and Social Psychology*, 58(1), 60—67.

Cunningham, M. R. , Roberts, A. R. , Barbee, A. P. , Druen, P. B. , & Wu, C. H. (1995). "Their ideas of beauty are, on the whole, the same as ours": Consistency and variability in the cross-cultural perception of female physical attractiveness. *Journal of Personality and Social Psychology*, 68(2), 261—279.

Fishbein, M. , & Hunter, R. (1964). Summation versus balance in attitude organization and change. *Journal of Abnormal and Social Psychology*, 69(5), 505—510.

Fiske, S. T., Cuddy, A. J., Glick, P., & Xu, J. (2002). A model of (often mixed) stereotype content: Competence and warmth respectively follow from perceived status and competition. *Journal of Personality and Social Psychology*, *82*(6), 878—902.

Forgas, J. P., Crano, W. D., & Fiedler, K. (2020). *Applications of Social Psychology: How Social Psychology Can Contribute to the Solution of Real-world Problems*. New York: Routledge.

Gilovich, T., Keltner, D., & Nisbett, R. E. (2015). *Social Psychology*. New York: W. W. Norton & Company.

Heilman, M. E. (1980). The impact of situational factors on personnel decisions concerning women: Varying the sex composition of the applicant pool. *Organizational Behavior and Human Performance*, *26*(3), 386—395.

Hendrick, C., & Hendrick, S. (1986). A theory and method of love. *Journal of Personality and Social Psychology*, *50*(2), 392—402.

Hendrick, C., & Hendrick, S. S. (1989). Research on love: Does it measure up? *Journal of Personality and Social Psychology*, *56*(5), 784—794.

Jones, E. E., & Davis, K. E. (1965). From acts to dispositions the attribution process in person perception. *Advances in Experimental Social Psychology*, *2*(4), 219—266.

Jones, E. E., & Nisbett, R. E. (1971). The actor and the observer: Divergent perceptions of the causes of the behavior. In E. E. Jones, D. E. Kanouse, H. H. Kelley, R. E. Nisbett, S. Valins, & B. Weiner (Eds.), *Attribution: Perceiving the Causes of Behavior*. Mahwah: Lawrence Erlbaum Associates.

Kelley, H. H. (1973). The processes of causal attribution. *American psychologist*, *28*(2), 107—128.

McPherson, M., Smith-Lovin, L., & Cook, J. M. (2001). Birds of a feather: Homophily in social networks. *Annual Review of Sociology*, *27*(1), 415—444.

Mezulis, A. H., Abramson, L. Y., Hyde, J. S., & Hankin, B. L. (2004). Is there a universal positivity bias in attributions? A meta-analytic review of individual, developmental, and cultural differences in the self-serving attributional bias. *Psychological Bulletin*, *130*(5), 711—747.

Monin, J. K., Clark, M. S., & Lemay, E. P. (2008). Communal

responsiveness in relationships with female versus male family members. *Sex Roles*, *59*(3), 176—188.

Montoya, R. M., & Insko, C. A. (2008). Toward a more complete understanding of the reciprocity of liking effect. *European Journal of Social Psychology*, *38*(3), 477—498.

Murphy, P. K., & Alexander, P. A. (2000). A motivated exploration of motivation terminology. *Contemporary Educational Psychology*, *25* (1), 3—53.

Norton, M. I., Frost, J. H., & Ariely, D. (2007). Less is more: The lure of ambiguity, or why familiarity breeds contempt. *Journal of Personality and Social Psychology*, *92*(1), 97—105.

Osgood, C. E. (1962). *An Alternative to War or Surrender*. Urbana: University of Illinois Press.

Penner, L. A., Dovidio, J. F., Piliavin, J. A., & Schroeder, D. A. (2005). Prosocial behavior: Multilevel perspectives. *Annual Review of Psychology*, *56*, 365—392.

Plant, E. A., Devine, P. G., Cox, W. T., Columb, C., Miller, S. L., Goplen, J., & Peruche, B. M. (2009). The Obama effect: Decreasing implicit prejudice and stereotyping. *Journal of Experimental Social Psychology*, *45*(4), 961—964.

Rosenberg, M. (1965). *Society and the Adolescent Self-Image*. Princeton, NJ: Princeton University Press.

Rosenberg, S., Nelson, C., & Vivekananthan, P. S. (1968). A multidimensional approach to the structure of personality impressions. *Journal of Personality and Social Psychology*, *9*(4), 283—294.

Ross, L. (1977). The intuitive psychologist and his shortcomings: Distortions in the attribution process. *Advances in Experimental Social Psychology*, *10*(11), 173—220.

Sherif, M. (1935). A study of some social factors in perception. *Archives of Psychology*, *27*, 1—60.

Stephan, C., Presser, N. R., Kennedy, J. C., & Aronson, E. (1978). Attributions to success and failure after cooperative or competitive interaction. *European Journal of Social Psychology*, *8*(2), 269—274.

Tesser, A., Campbell, J., & Mickler, S. (1983). The role of social pressure, attention to the stimulus, and self-doubt in conformity. *European*

Journal of Social Psychology，13(3)，217—233.

Walster，E.，Aronson，V.，Abrahams，D.，& Rottman，L.（1966）. Importance of physical attractiveness in dating behavior. *Journal of Personality and Social Psychology*，4(5)，508—516.

Weiner，B.（1974）. *Cognitive Views of Human Motivation*. New York：Academic Press.

后 记

　　"社会心理与人际交往"这门课程已经开设了八年多，最初参与课程的学生早已结束了本科生活，开启了新的人生篇章。那么，这门课程为他们带来了什么？这门课程在他们未来的人生道路上会起到怎样的作用？相信他们都会在成为"社会中人"和"社会之人"的过程中找到自己的答案。

　　开设"社会心理与人际交往"课程的初衷，是希望大学生能了解更多社会心理学的知识，并将其应用到人际交往活动中，学会正确看待人际关系，提升人际交往能力。在多年来的教学实践中，我们始终秉持"寓教于乐、知行结合"的理念，在课堂上尝试开展了许多有趣、有益的交往活动，将课堂当作一个小型的社交场所，让学生及时运用课堂上学到的内容，加深对相关知识的理解，这是该课程的重要特色。

　　学生通过组建团队，参与各种交往活动，体会组内成员之间、组与组之间关系发展的方方面面。值得一提的是，很多学生将这些关系延续到了课程结束以后，甚至延续到了大学毕业以后，这让我们感到十分欣慰。"授人以鱼不如授人以渔"。我们很高兴看到学生在课堂上的进步，更希望这门课程能对他们今后的人际交往有所帮助。

　　这门课程为大学生提供了学习、参与和体验人际交往的通识教育平台。因此对于人际交往能力处在不同水平的学生来说，这一平台不仅为他们提供了更多人际交往的机会，也为他们创设了自我提升的实践场所，帮助他们更好地参与人际交往过程。

　　随着多年教学实践的积累，本课程的体系逐渐成熟，在教学中，我们得到了许多同学的积极反馈。所以我们希望把课程内容以教材的形式呈现出来，为教授这门课程的教师以及参与这门课程的学生提供参考。

　　作为大学生通识核心课程教育教学改革的重要成果之一，本教材所依托的《社会心理与人际交往》通识核心课程，先后荣获华中师范大学本科教学创新一等奖暨课程思政示范课、湖北省一流本科课程，并已获得教育部高等学校心理学类专业教学指导委员会课程建设类教改项目立项(20231023)。本教材的编写和出版标志着这门课程已经进入了一个新的阶段。从最初的构想到课程模式的摸索与实践，再到最后形成较为完整的课程体系，这门课程经历了一个循序渐进的发展过程，而在这一过程中取得的所有成就都离不开参与这门课程的每一位教师与同学。

感谢华中师范大学心理学院教师李晔、王伟、黄飞对这门课程的支持，丰富了这门课程的知识和活动。感谢研究生杨珂、杨翠、龙佳慧、刘巧、李林意、雷倩雯、刘晨、王阳、雷雅甜、孔祥伟、马书瀚、叶含雪、丁玉、杨翠、戴钰、柯文琳、林云涛、何好佳、王晶、杨术艺、杨顺花、龙佳慧、杜桢、赵峰、鞠一琰对于本教材编写工作的帮助。特别感谢华中师范大学社会心理研究中心的成员谭亚莉、赵菊、叶娜、张陆、刘峰、张艳红、张晓斌、孙山、吴漾、宋静静、谢志杰、谭潇、魏谨、张翔、宋仕婕在书稿修改中所付出的努力与贡献。最后感谢修习这门课程的所有学生，和你们在一起的共同时光是我们快乐人生的重要部分。

本教材的编写出版虽然已经完成，但我们相信"社会心理与人际交往"这门课程会在未来的许多年里继续发光发热。未来，我们将根据课程的进展进一步完善和更新教材内容，期待与大家共同进步，也欢迎广大师生和读者提出宝贵的建议！